TAROT
Spiegel
deiner Beziehungen

Gerd Ziegler

TAROT
Spiegel
deiner Beziehungen

URANIA VERLAGS AG

2. Auflage 11. bis 20. Tausend 1989

ISBN 3-908644-65-8

Gesamtherstellung: Schneelöwe, Durach

Printed in Germany

Inhaltsverzeichnis

Für Navanito

Beziehungen

Hänge dein Herz an nichts –
lebe, lebe total, lebe liebevoll,
aber besitze nichts, beherrsche nichts,
und lasse nicht zu,
daß irgend
jemand dich besitzt
oder dich beherrscht.
Sehr seltene und wenige Menschen
steigen zur Ebene menschlicher Liebe auf.
Menschliche Liebe ist Freundschaft.
Tierische Liebe ist Besitzwut.
Tierische Liebe reduziert den anderen
auf eine Sache, auf eine Ware.
Menschliche Liebe hebt den anderen,
hilft dem anderen,
zu seiner Entfaltung zu kommen.
Sie ist reine Freundschaft.

Bhagwan Shree Rajneesh

Eine Partnerschaft hat dann ihr Ziel erreicht, wenn man den anderen nicht mehr braucht. Nur in einem solchen Fall wurde mit dem Versprechen der »ewigen Liebe« ernst gemacht. Liebe ist ein Bewußtseinsakt und bedeutet, seine eigene Bewußtseinsgrenze zu öffnen für das, was man liebt, um sich damit zu einen. Dies ist erst dann geschehen, wenn man all das, was den Partner repräsentiert, in seine Seele aufgenommen hat ...

Liebe will eins sein, sonst nichts. Wohl dem, der begreift, daß einem nur das nicht genommen werden kann, was man in sich verwirklicht hat.

Thorwald Dethlefsen

Vorwort und Danksagungen

Lange habe ich gezögert, bevor ich es wagte, die ersten Seiten dieses Buches zu schreiben. Allzusehr empfinde ich mich selbst als Lernender in Sachen Beziehungen. Mein Verleger mußte mehrere Anläufe starten, um mich zur schriftlichen Auseinandersetzung mit diesem brisanten Thema zu bewegen. Jetzt, wo ich den Prozeß der Entstehung dieses Buches rückblickend betrachten kann, möchte ich ihm meinen besonderen Dank für seine »Hartnäckigkeit« aussprechen.

Das Schreiben dieses zweiten Tarot-Begleitbuches nahm bei weitem mehr Zeit in Anspruch, als dies bei »Tarot – Spiegel der Seele« der Fall gewesen war. Mehr noch als damals war ich von der hier angesprochenen Mann-Frau-Thematik persönlich betroffen. Ich danke allen, die mir in dieser Zeit nahe waren und mir die Gelegenheit gaben, das, was ich in geschriebenen Worten zum Ausdruck bringen wollte, auch hautnah zu erleben. Die Erfahrungen in unserem Zusammensein waren für mich eine reiche Quelle von Inspiration für den Aussagegehalt der besprochenen Tarotkarten.

Mein Dank gilt auch ganz besonders den vielen Teilnehmern meiner laufenden Tarot- und Trainingskurse. Durch die Offenheit, mit der sie ihre Beziehungsfragen stellten, gaben sie mir Gelegenheit, die Gültigkeit meiner eigenen Erfahrungen zu überprüfen. Es war stets ein Geschenk für alle Beteiligten, gemeinsam die besonderen Ebenen ihres Miteinanders zu erspüren und tiefer zu ergründen, auch dann, wenn das Erkennen der Realität mitunter schmerzhaft war.

Nicht zuletzt möchte ich all denjenigen danken, die sich die Zeit genommen haben, meine vorläufigen inhaltlichen Entwürfe zu den Karten zu prüfen, zu kritisieren, und meine Ausführungen aus ihrer eigenen Kenntnis und Erfahrung des Tarots in Beziehungen zu ergänzen.

Mein besonderer Dank gilt Ulrike Weber, Roland Bäurle, Regina König und Hellwig Schinko.

Einleitung

Wann immer ich mit Teilnehmern meiner Tarot-Workshops an der Klärung von persönlichen Lebensfragen arbeite, werden die meisten Fragen über Beziehungen gestellt. Erst an zweiter und dritter Stelle kommen Fragen über den Beruf, über Selbstausdruck und über persönliches Wachstum.

Anfangs war ich erstaunt, daß bei den Beziehungsklärungen nicht nur aktuelle Mann-Frau-Partnerschaften angesprochen wurden, sondern beinahe ebenso häufig zum Teil weit zurückliegende, unverarbeitete familiäre Verbindungen. Selbst dann, wenn die Frage von einer gegenwärtigen Beziehungskrise ausging, kamen in vielen Fällen stark emotional geladene, frühkindliche, zum Teil auch karmische Erinnerungen zum Vorschein. Mit einer genaueren Einsicht in die prägenden Beziehungsmuster wurde es dann möglich, die aktuelle Problematik in neuem Licht zu sehen. Auf diese Weise wurde in der Regel der Weg frei zu einem tieferen Verständnis, und damit zu einer Klärung.

Meine eingehendere Beschäftigung mit der Psychodynamik zwischenmenschlicher Beziehungen brachte einiges ans Licht, sowohl in meinen eigenen Beziehungen zu Frauen, Freunden und Mitarbeitern, als auch in der Wahrnehmung für diese Prozesse bei meinen Klienten und den Teilnehmern unseres Trainingsprojektes (»Innerlich und äußerlich reich«).

Das, was zwei Menschen zueinander führt und in Liebe verbindet, ist und bleibt jedoch immer ein Mysterium. Rationale Erklärungen werden zum Glück niemals in der Lage sein, es zu enthüllen. Wir können uns diesem Geheimnis mit Achtung und Respekt nähern, um es als Lernfeld für unser persönliches Wachstum zu nutzen.

Jeder Mensch ist aufs Tiefste von den zahlreichen Aspekten der Beziehungen zwischen Mann und Frau betroffen, ganz gleich, ob er ihnen aus dem Wege geht oder diese zwanghaft sucht. In der Qualität der Verbindungen zu den Menschen, die uns nahestehen, liegt der Schlüssel zum Universum verborgen. Dieselbe Tür, die ich für einen geliebten Menschen öffne oder schließe, ist meine Verbindung zum Ganzen, zu Gott, zu allem, was für mich von Bedeutung ist.

Persönliche Verwirklichung und spirituelles Wachstum können daher niemals an der Beziehungsfrage vorbeigehen. Auch hier zeigt sich immer wieder, wie ungeklärte Bereiche und Lebenssituationen sich hemmend und belastend auf dem Weg zur eigenen Befreiung auswirken.

Oftmals führt uns der Weg zu unserer tiefsten Erfüllung – dem vollen Erblühen unserer Fähigkeit zu lieben und Liebe zu empfangen – durch die dunklen Täler der Desillusionierung und Reinigung.

Sind wir jedoch bereit, die notwendigen Lernschritte mit uns selbst und unserem Partner zu tun, so kann der Gewinn unermeßlich groß sein.

Ich wünsche allen Menschen, die auf ehrliche Weise bereit sind, ihre Beziehungen als Lernfeld und Hilfe für ihr persönliches und spirituelles Wachstum anzuerkennen, viel Einsicht, Freude und das Erblühen ihrer unbegrenzten Liebe. Möge dieses Buch Ansporn und Hilfe sein für alle, die den Mut zu diesem Abenteuer besitzen.

1. Beziehungen als Lernfeld

Die Möglichkeiten und Chancen, durch zwischenmenschliche Beziehungen zu lernen und zu wachsen, sind unbegrenzt. Wollen wir diese Gelegenheiten voll ausschöpfen, müssen wir zunächst bereit sein, uns von allen herkömmlichen Vorstellungen zu lösen, wie Menschen – insbesondere Mann und Frau – miteinander umgehen und leben sollten. Nur das, was aus unserem eigenen, authentischen Erleben und Verstehen erwächst, sollte als Grundlage für die Verwirklichung unserer individuellen Beziehungen anerkannt werden.

Selbstverständlich entspringen auch meine Stellungnahmen in diesem Buch meinen ganz persönlichen Erfahrungen und Einsichten. Jeder, der sie liest und damit arbeiten möchte, muß zunächst sehr genau prüfen, inwieweit diese Ausführungen auf sein persönliches Erleben zutreffen.

Es gibt tatsächlich kein »besser« oder »schlechter«. Wir schaffen uns natürlicherweise immer genau die Situationen, in denen wir das lernen können, was gerade für uns wichtig ist. Jede der vielen unterschiedlichen Beziehungsformen – auch Trennungen und Alleinsein – sind dazu da, uns zu heilen und zu transformieren. Dabei ist der eine Weg nicht besser als der andere.

Wenn unsere Beziehungen Veränderungen unterworfen sind, heißt dies nicht, daß irgend etwas falsch läuft. Im Gegenteil: Kaum etwas anderes ist solchen sich ständig wandelnden Prozessen unterworfen wie Beziehungen zwischen Menschen, die ihrerseits in einem kontinuierlichen Wachstums- und Entwicklungsprozeß begriffen sind. Lebendige Beziehungen sind beweglich. Sie pulsieren in einem dynamischen Miteinander.

Wird an Nähe oder Distanz in starrer Weise festgehalten, so wird der natürliche Fluß der Liebe unterbrochen. So wie der Prozeß von Ein- und Ausatmen jeden Organismus am Leben erhält, so gehört auch die Wechselbeziehung von Intimität und Distanz in jede zwischenmenschliche Verbindung.

Wenn wir unser bisheriges Leben betrachten, können wir leicht erkennen, daß es mehrere Menschen gab, die für eine Zeitspanne für uns von äußerster Wichtigkeit waren, die jedoch jetzt – verglichen mit aktuellen Verbindungen – ihre vordringliche Bedeutung verloren haben. Vielleicht erinnern wir uns in einigen Fällen noch an den Abschiedsschmerz und daran, wie wir darum gerungen haben, den betreffenden Menschen in unserem Leben zu behalten. Heute, aus einiger Distanz, können wir dann erkennen, wie wichtig die Trennung damals war, um dem Größeren und Besseren in unserem Leben Platz zu machen.

Keine Beziehung geht auseinander, wenn nicht gleichzeitig etwas anderes, Wichtigeres auf uns wartet. Natürlich können wir aus unserer jeweils beschränkten Perspektive dies nicht immer gleich erkennen. Solche Situationen werden uns geschenkt, damit wir eine größere Liebe erfahren können, von der jede Liebesäußerung zwischen Menschen lediglich ein Gleichnis darstellt.

2. Sich einlassen

Sehr häufig höre ich Menschen sagen: »Ich wünsche mir so sehr einen Partner, doch wenn jemand kommt, und mir seine ganze Liebe schenken will, bekomme ich Angst und ziehe mich zurück.«

Nicht jedem ist dieser Mechanismus so bewußt. Viele Menschen begeben sich erst gar nicht in Situationen, in denen tiefere Zuneigung entstehen könnte. Tatsache ist, daß wir alle in unterschiedlichem Ausmaß Angst davor haben, wirklich geliebt zu werden. Das, was wir am meisten ersehnen, kann uns erschrecken und zutiefst erschüttern, wenn es in unser Leben einbricht.

Das ist der Grund, warum die meisten Menschen sich dafür entschieden haben, diese allesverwandelnde Kraft zu meiden. Was sie Liebe nennen, besteht in der Regel aus projizierten Ängsten, Bedürfnissen, Erwartungen, triebhaften Neigungen, Besitz- und Machtansprüchen. So ist es durchaus möglich, sich einigen Affären und Abenteuern »hinzugeben«, ohne sich wirklich im Inneren berühren zu lassen. Gelangweilt und enttäuscht ziehen sich viele früher oder später zurück auf die Abstellgleise scheinbarer Vernunft, die in Wirklichkeit aus nichts anderem als Resignation und Enttäuschung bestehen.

Liebe ist die stärkste Macht im Universum. In dem Maße, wie wir uns dieser Energie öffnen, verwandelt sie alle Bereiche unseres Lebens. Liebe heilt und bringt somit nach und nach alles an die Oberfläche, was der Verwirklichung unseres wahren Selbst im Wege steht.

Wenn wir von einem Menschen sehr geliebt werden, kommen alle inneren Bereiche, die dieser Liebe nicht entsprechen, ans Licht. Dies äußert sich oftmals in Form von Angst, Panik, Wut, Traurigkeit, Eifersucht, Ärger und Schmerzen. Dieser Prozeß, der in der Regel schon während der sogenannten

15

Flitterwochen – oder sehr bald danach – einsetzt, wird sehr oft falsch interpretiert und nicht verstanden als das, was er ist: Reinigung und Heilung für beide Partner. In dieser Phase erscheinen die hohen Ideale und Erwartungen, mit denen sich die Liebenden begegnet sind, illusionär. Selbst Paare mit großem gemeinsamen Potential gehen dann mitunter sehr bald enttäuscht auseinander mit dem unausgesprochenen Vorsatz, sich nie wieder der Liebe zu öffnen. Sie wollen nicht ein weiteres Mal auf so schmerzhafte Weise enttäuscht und verletzt werden. Andere wiederum beißen die Zähne zusammen und reduzieren den Fluß der Zuneigung auf ein erträgliches, ungefährliches Minimum. Beide Partner hören auf, eine Erfüllung im Zusammensein mit dem anderen auch nur zu erwarten.

Ein Mensch, der sich für die Liebe öffnen will, muß wissen, daß jede Form der Liebe eine Bedrohung für sein Ego darstellt. Das Ego ist derjenige Teil unseres Bewußtseins, der sich als getrennt vom Universum erlebt. Es kann nur in der Dualität, in der Trennung von Innen und Außen, von Ich und Du existieren.

Doch Liebe will nichts anderes als Einssein. Sie transzendiert letztendlich die Gegensätze und erschafft in der Vereinigung der Polaritäten in uns ein neues Universum, das die eigenen Begrenzungen überwindet. Auch, oder gerade im tiefen Erkennen und Annehmen der Andersartigkeit des geliebten Partners wird jene Liebe geboren, die die Vorstellung der Dualität als Illusion entlarvt. Die scheinbar fremden und unverträglichen Seiten, die beim anderen gesehen wurden, können als eigene, latent vorhandene Eigenschaften erkannt werden. Es besteht kein Grund mehr, sie im Partner zu bekämpfen.

Doch gerade an dieser Stelle bekommen wir es oftmals mit der Angst zu tun. Wir kennen unser wahres Selbst so wenig – wie können wir wissen, was wir jenseits der Grenzen unseres Egos finden! Wir haben kaum angefangen, uns auf unser eigenes Inneres einzulassen, wie können wir dies bei einem anderen Menschen tun?! Wir haben Angst, uns zu verlieren, Angst, wieder einmal mit aller Wucht auf uns selbst zurückgeworfen zu werden, wieder einmal zu versagen, und die Erfüllung, die wir bei dem Partner zu finden hoffen, vergeblich zu suchen.

Der Weg der Liebe wird uns viele Male in Angst versetzen. Er weist uns unerbittlich darauf hin, daß nichts von dem, was wir suchen, im Außen zu finden ist, sondern nur in unserem eigenen Inneren. Und dennoch wird uns diese Wahrheit durch einen Gegenpol im Außen gespiegelt und erfahrbar gemacht. (Vergl. die Ausführungen zur Tarotkarte »Die Liebenden«.)

In den meisten Liebesbeziehungen begegnen wir auch unseren dunkelsten Schatten. Diese führen uns oftmals zurück zu unverarbeiteten prägenden Situationen unserer Vergangenheit. Dazu gehören alle primären Familienbeziehungen, wie die zu Eltern, Geschwistern und Großeltern. Darüberhinaus – in größerem Umfang, als wir uns dessen allgemein bewußt sind – früheste Erfahrungen während der Schwangerschaft und Geburt, sowie karmische Belastungen aus vergangenen Leben. In welcher Gestalt sich die Schwierigkeiten in unseren Beziehungen auch zeigen mögen, sie weisen jedes Mal auf alte, ungeheilte Wunden hin. Damit diese heilen können, müssen sie erneut aufgedeckt und gereinigt werden.

Unsere Fähigkeit zu lieben und geliebt zu werden, hängt von unserer Bereitschaft ab, gerade die unangenehmsten Teile in uns, die wir am meisten verstecken wollen, zu konfrontieren und zu klären. Nur in dem Maße, in dem wir uns auf uns selbst eingelassen haben, können wir uns für andere Menschen öffnen.

Es gibt keine wirkliche Hingabe an einen anderen Menschen ohne das gleichzeitige, tiefe Einlassen auf sich selbst. Geschieht dies nicht, so wird die Beziehung zum anderen nur dazu benutzt, von sich selbst abzulenken, um den Mangel im eigenen Inneren zu überdecken. Wir können das überall in unseren »Liebesbeziehungen« beobachten; es scheint das Normale zu sein. Doch immer mehr Menschen werden reif, einen Schritt darüber hinaus zu wagen – zu größerer Selbstverantwortung und Bewußtheit. So lernen sie jene Hingabe kennen, die immer in beide Richtungen führt: Zu sich selbst und zum anderen.

Wer diesen Weg in seinem eigenen Leben einschlägt, wird früher oder später auf eine neue, überwältigende Wahrheit stoßen. Sie liegt in der Erkenntnis, daß es letztendlich nur *eine* Liebesbeziehung gibt: Die Verbindung zwischen der äußeren Persönlichkeit und dem inneren Wesen, zwischen meiner Einzigartigkeit und dem Universellen, dem Menschlichen und dem Göttlichen. Unsere Beziehungen sind nichts weiter als Reflektionen dieser einen großen Beziehung. In dem Maße, wie dieses Erkennen in uns reift, werden wir unsere Partner als Teil unseres Selbst sehen und lieben. »Sich einlassen« wird so zum Vertraut- und Identischwerden mit dem Göttlichen in uns.

3. Die Beziehung zum Ganzen

In jeder unserer Verbindung mit einem bestimmten Partner werden wir auf unsere Beziehung zum Ganzen hingewiesen. Mit unserer Entscheidung, auf dem Planeten Erde als Mensch inkarniert zu werden, haben wir uns auf einen Lernprozeß eingelassen, dessen grundsätzliche Spielregeln durch die Illusion der Dualität geprägt sind.

Dualität äußert sich im Erleben des persönlichen Getrenntseins von der universellen Einheit.

Das Hineinfallen in die Trennung von Ich und Du, von Persona und Außenwelt hat uns viele bewußtseinsbildende Erfahrungen ermöglicht, die wir uns für die Zeit unseres Erdendaseins vorgenommen haben. Jedes Sich-Verlieben, jedes Suchen nach Nähe zu einem Partner anderen Geschlechts ist letztendlich ein Versuch, die Dualität im dyadischen Erleben zu transzendieren.

Während der oberflächlichste Teil unseres Selbst, unser Ego, sich grundsätzlich als getrennt von allen anderen Menschen erlebt, bleibt doch tief in jedem Individuum die Gewißheit, daß Getrenntheit nicht die Wahrheit ist. (Tatsächlich bedeutet Individuum: das Unteilbare.)

Wir sehnen uns nach dem endgültigen Wiedergewinn unserer kosmischen Einheit, aus der wir gekommen sind. Diese Sehnsucht ist der Antrieb, den anderen zu suchen. Gleichzeitig ist sie Ursache für viele Mißverständnisse in menschlichen Beziehungen. Der Grund liegt darin, daß die natürliche Sehnsucht nach Einheit in der Beziehung zu einem anderen Menschen niemals vollkommen und auf Dauer gestillt werden kann. Die Vereinigung mit dem Geliebten verspricht stets das

Ende vom Getrenntsein. Doch je intelligenter ein Mensch ist, desto schneller spürt er, daß er die Verbindung zum Ganzen, die er sucht, bei einem anderen Teil nicht finden kann. Unreife Menschen machen an diesem Punkt ihren Partner für die erlebte Enttäuschung verantwortlich. Sie überhäufen ihn mit bitteren Vorwürfen oder verlassen ihn, um dieselbe Erfahrung beim nächsten Partner zu wiederholen.

Was wir suchen, ist die Einheit mit unserem göttlichen Kern, unserem »Höheren Selbst«. Daher können wir im Zusammensein mit einem anderen Menschen nur vorübergehend das Ende unserer Getrenntheit erfahren. Wir werden immer wieder auf uns zurückgeworfen, bis wir erkennen, daß nur in uns selbst die Quelle der Erfahrung des Einsseins mit allem zu finden ist.

Häufig schließen sich Menschen in Paarbeziehungen zusammen und erfahren dann umso deutlicher ihre Getrenntheit von den anderen um sie herum. Das Paar wird zu einer Einheit, manchmal sogar zu einer Festung. Dadurch entsteht eine Kluft zwischen der Intimität, die sie in ihrer Zweisamkeit erleben und der sogenannten Außenwelt, die ihnen immer fremder und bedrohlicher erscheint. Ein solches Beispiel zeigt, wie die Illusion von Einheit, die beide miteinander aufrecht erhalten wollen, mit der Zeit ihre tatsächliche Getrenntheit vom Leben, das sie umgibt, umso deutlicher vor Augen führt. Es ist eine bittere Erfahrung, die viele Menschen kennen, daß das Streben nach Einheit mit einem geliebten Menschen sehr bald zu einer neuen Form der Isolation führen kann. Ist dies der Fall, so werden wir bewußt oder unbewußt danach streben, die Beziehung aufzulösen und zu beenden, weil sie nicht dem entspricht, was wir in Wirklichkeit suchen: Die Einheit mit unserem Selbst.

Unsere Liebe sollte zu einem Tor werden, einem Eingang, einer Passage, einer Initiation in die Erfahrung der kosmischen Einheit. Wenn wir unsere Beziehungen aus dieser Perspektive betrachten lernen, erhält die Nähe, die wir miteinander erfahren können, etwas Wirkliches und Tiefes. Wir erleben eine neue Art von Freiheit im Erkennen, daß die Verbundenheit mit dem Ganzen nicht notwendigerweise Beziehungen voraussetzt. Diese können ein Schlüssel sein, eine Hilfe; sie sind jedoch kein Ziel an sich. Wenn wir das begreifen, können alle unsere Beziehungen eine große Bereicherung darstellen, denn sie sind im Einklang mit der universellen Wahrheit.

4. Praktische Hinweise zum Gebrauch dieses Buches

Beziehungen sind in der Regel äußerst komplex und vielschichtig. Oftmals befindet man sich in einer Situation oder Auseinandersetzung mit seinem Partner, in der man nicht so recht weiß, was eigentlich vor sich geht. Man fühlt sich durch die Nähe des anderen berührt oder gelangweilt, unter Druck gesetzt oder erleichtert, ängstlich oder ungeduldig, überfordert oder vernachlässigt, geliebt oder im Stich gelassen.

Was ist jedoch die tiefere Realität des Miteinanders, bei dem, wie wir wissen, so viel Unbewußtheit und Irrationalität im Spiel ist? Welche unbekannten Kräfte wirken im Verborgenen? Warum hat mich die Existenz ausgerechnet mit diesem Menschen zusammengeführt, dessen Präsenz mein Leben so tiefgreifend prägt? Kann ich meinen eigenen Gefühlen und Empfindungen und denen meines Partners vertrauen?

Solche und ähnliche Fragen beschäftigen uns immer wieder, und unser begrenzter Verstand vermag sie niemals befriedigend zu beantworten.

Tarot kann uns Einblicke gewähren, die uns über die Grenzen unserer eingeschränkten Sichtweisen hinausführen. Indem wir unsere Intuition zulassen, können wir auf meditative Weise mit unserer inneren Weisheit in Kontakt treten. Durch den Kraftquell unseres Unterbewußtseins treten wir in Verbindung zu unserem »Höheren Selbst«. Nicht die Karten haben die Antwort auf unsere Fragen; sie dienen lediglich als Hilfsmittel, das es uns ermöglicht, die Botschaften und Signale unseres Selbst leichter zu erkennen und zu verstehen.

Bevor du die Tarotkarten und das Buch zur Hand nimmst, um die Fragen zu stellen, die dich in deiner Beziehung bewegen, solltest du mit dieser inneren Instanz in Verbindung treten. Setze dich bequem und offen hin und warte, bis dein Atem weich und tief fließt. Horche nach innen und betrachte alles, was sich in deinen Gedanken und Gefühlen regt. Sei dir bewußt, daß du im Begriff bist, in den Spiegel einer tieferen Wirklichkeit zu schauen. Öffne dich beim Ziehen der Karten für jede mögliche Antwort, die dir im Bild gezeigt werden soll. Mit deiner Offenheit wächst das Vertrauen in deine Intuition, der Kontakt zu deinem »Höheren Selbst«.

Jede Tarotkarte ist unter folgenden Fragestellungen besprochen: Was ist die aktuelle Realität meiner Beziehung zu … ? Welche Grundenergie bestimmt die derzeitige Situation zwischen mir und meinem Partner? Welche Bereiche meiner Beziehung bedürfen besonderer Aufmerksamkeit?

Der die Karten begleitende Text konzentriert sich in praxisbezogener Weise auf das Thema Beziehungen zwischen Mann und Frau. Dabei wird die Kenntnis der grundlegenden Symbolbedeutung, so wie ich sie im Handbuch »Tarot – Spiegel der Seele« beschrieben habe, vorausgesetzt. Unnötige Wiederholungen werden so vermieden.

Wer etwas über andere, nicht sexuelle Beziehungen erfahren möchte, wie die zu seinen Kindern, Eltern, Freunden oder Berufskollegen, muß beim Lesen den mehr allgemeinen und grundlegenden Gehalt der gezogenen Karte erfassen und dann versuchen, das Gesagte auf die Beziehung zu dem betreffenden Menschen zu übertragen.

Es ist auch möglich, die Texte zu den Karten als eine Art Lesebuch zu benutzen, indem man hin und wieder, zum Beispiel vor dem Schlafengehen – allein oder gemeinsam mit seinem Partner – eine Karte aus dem Fächer des ausgebreiteten Tarots zieht und sich die Bedeutung gegenseitig vorliest. Dadurch wird jeweils ein wichtiger Aspekt der aktuellen Beziehungsthematik mit in den Schlaf genommen und kann so vom Unterbewußtsein verarbeitet werden. Die bestehende Beziehung wird sich dadurch sehr bald intensivieren und vertiefen.

Auch die Leser, die gegenwärtig alleine leben und sich nach einer erfüllenden Partnerschaft sehnen, sollten dies über längere Zeit praktizieren. In ihrem inneren Erleben können sie sich schon jetzt mit dem Partner ihrer Wünsche auseinandersetzen, so, als wäre er bereits da.

Wir wissen, daß die Kraft unserer Gedanken und Vorstellungen unendlich kreativ ist. Die Themen und Inhalte, mit denen wir uns intensiv befassen, haben die Tendenz, sich in unserem Leben zu manifestieren. Auch die Auseinandersetzung mit imaginären Partnern bereitet uns in unserem Inneren darauf vor, ihnen später in der physischen Realität zu begegnen.

5. Die Deutung der Karten für Beziehungen

A. Das Große Arkanum (0–XXI)

0. Der Narr (The Fool)

Stichworte: *Freiheit, Offenheit, Risikobereitschaft; Vertrauen, Hingabe; Humor, Weisheit, Mut; Überwindung von Angst; Quantensprung, Selbstfindung; liebeorientiertes Leben.*

Der Narr ist eine starke Einladung zu einem echten Liebesabenteuer. Wer diese Karte im Zusammenhang mit einem geliebten Menschen zieht, wird aufgefordert, etwas Außergewöhnliches zu wagen: Einen Sprung zu tun – hinein in die Unsicherheit und Freiheit, die jenseits von allem Altbekannten zu finden ist.

Der Verstand kalkuliert, sichert sich ab und berechnet. Dagegen zeigt die Qualität des Narren das unbeirrbare Befolgen der inneren Wahrheit, das uneingeschränkte Ja zum Ruf des eigenen Herzens. Nur dadurch gelingt der große Sprung in die Liebe, der gleichzeitig auch ein innerer Quantensprung zur eigenen Verwandlung und Befreiung von Angst ist.

Hast du den Narren gezogen, dann gibt es in deiner Beziehung vor allem drei Themen, die jetzt für dich aktuell werden: Offenheit, Freiheit, Risikobereitschaft. Narren tragen ihr Herz auf der Zunge, und das kann im »normalen« Alltagsleben gleichermaßen dumm wie gefährlich sein. Die Beziehung zu einem vertrauten Menschen hat jedoch nur dann wirklichen Wert, wenn du offen sein und Dinge sagen kannst, deren Wirkung du nicht im voraus bedacht hast. Offenheit bedeutet, daß du mit oder ohne Worte alles zeigen kannst, was in dir ist. Offenheit bedeutet aber auch, daß du bereit bist, alles zu empfangen, was dein Partner dir gibt – seine Liebe genauso wie seinen Schmerz, seine Zärtlichkeit genauso wie seine Traurigkeit. Und nicht zuletzt heißt Offenheit, auf die Stimme deines Herzens zu hören, mit dem zu gehen, was gerade da ist – auch wenn vielleicht alles ganz anders kommt, als du es dir vorgestellt hattest.

Wenn zwischen deinem Partner und dir völlige Offenheit besteht, dann entwickelt sich Freiheit von ganz alleine. Das

Wesen der Freiheit, das durch den Narren dargestellt wird, besteht im Zurücklassen von allen fremdbestimmten Vorstellungen, Normen und Zwängen. Für eine Beziehung bedeutet dies, daß du dich nicht daran orientierst, was du von Eltern und Lehrern über Zweisamkeit, Ehe und Familie gelernt hast. Die Wirklichkeit zwischen dir und deinem Partner ist so einzigartig, daß keine Wertmaßstäbe althergebrachter Ideologien eurer tatsächlichen Realität gerecht werden können. Freiheit bedeutet, der von dir erkannten, inneren Wahrheit kompromißlos treu zu bleiben. Der Weg des Herzens, den der Narr zu gehen bereit ist, orientiert sich an Liebe und nicht an Angst.

Der größte Feind der Freiheit ist die Furcht. Der Narr wird immer wieder vom Tiger der Angst angefallen, aber er läßt sich nicht von ihm überwältigen. Du kannst deine Angst fühlen, sie annehmen und dabei dennoch deinen eigenen unverwechselbaren Weg gehen.

Wer sich von seiner Angst nicht mehr aufhalten läßt, der riskiert auch etwas. Hat der Narr beispielsweise die Wahl zwischen zwei Partnern, dann wird er sich nicht für denjenigen entscheiden, der ihm die größte Sicherheit bietet. Er läßt sich von der Stimme seines Herzens leiten und geht dorthin, wo er sich am meisten hingezogen fühlt – und wenn es zwei Menschen sind, dann geht er auch zu beiden. Möglicherweise steht er dann schon bald wieder alleine da, aber auch das wird sein Vertrauen nicht erschüttern. Tief innen weiß der Narr, daß immer genau die Ereignisse geschehen, die er für seine persönliche Entwicklung braucht. Und je weniger er sich dagegen stemmt, umso leichter wird dieses Wachstum für ihn sein.

Der Narr wählt nicht um jeden Preis den bequemeren Weg. Jeder Mensch, der sich selbst treu bleibt und sein Leben nicht vorrangig an Sicherheit und Anpassung orientiert, begegnet früher oder später der Tatsache seiner existentiellen Unsicherheit. Wer sich dem Leben oder einem geliebten Menschen hingibt, verläßt das sichere Ufer seiner altbekannten Welt und findet eine neue Qualität von Schutz und Geborgenheit in sich selbst und in dem Ganzen.

Frage: *Wohin ruft dich dein Herz?*

Anregung: *Prüfe, in welchen Bereichen deines Liebeslebens du noch nicht zu dir zu stehen wagst.*

Affirmation: *Ich folge der Stimme meines Herzens.*

I. Der Magier (The Magus)

Stichworte: *Leichte, offene Kommunikation; starke Ausstrahlung; Witz; Heiterkeit; Spiel; Austausch auf vielen Ebenen; Lebendigkeit; Offenheit; Amoralität; Beweglichkeit.*

Viele Bereiche des Austausches sind jetzt mit deinem Partner möglich, und du kannst alle diese Ebenen leicht und spielerisch kennenlernen. Genieße es, die unterschiedlichen Variationen der Kommunikation und des Miteinanders auszuschöpfen!

Wenn du diese Karte für Beziehungsfragen gezogen hast, so zeigt sie dir, daß du derzeit in einer Phase bist, in der du andere Menschen im wahrsten Sinne des Wortes »bezaubern« kannst. Neben deinem Partner interessieren sich auch andere Menschen für dich. Du solltest ihnen nicht ausweichen.

Wer in einer glücklichen Verbindung lebt, wirkt auch auf andere anziehend. Wahrscheinlich trägt dein Partner stark zu deiner faszinierenden Ausstrahlung bei. Wenn du dich mit ihm zur Zeit sehr wohl fühlst, dann sind die vielen verschiedenen Formen des Austausches, die du jetzt erlebst, auch im Außen möglich. Es macht dir Spaß, beide Bereiche, deine Beziehung und das Außen, miteinander zu verbinden.

Es kann aber auch sein, daß durch dein augenblickliches Verhalten alte Vorstellungen und Prinzipien, die bisher in eurer Beziehung galten, gründlich in Frage gestellt werden. Wenn dies der Fall ist, achte darauf, eventuelle Provokationen in den Dienst der Liebe zu stellen, im ehrlichen Bestreben nach mehr Offenheit und Wirklichkeit in eurem Miteinander.

Die allzu ernsthaften Aspekte eurer Beziehung können jetzt ruhig für eine Weile in den Hintergrund treten. Du erlebst das Miteinander als Teil des großen kosmischen Spiels. Die Leichtigkeit des Austausches bedeutet aber keineswegs Oberflächlichkeit. Ihr könnt auf diese Weise innere Bereiche berühren, die sonst in den gewohnten trockenen und ernsthaften Umgangsformen niemals erfaßt werden. Sollte dein Partner mit Angst oder Abwehr auf deine Lebendigkeit reagieren, so laß dich davon nicht beirren – deine Offenheit wird wahrscheinlich schon bald auf ihn überspringen.

Diese Karte weist darauf hin, daß es in eurer Beziehung »göttliche Botschaften« zu empfangen gibt. Ihr solltet sie an andere Menschen weitergeben. Der Magier kann durchaus auf ein gemeinsames Projekt im Bereich der Kommunikation hinweisen. Der volle Ausdruck eurer schöpferischen Möglichkeiten läßt eure Beziehung noch beglückender und erfüllter werden. Versucht auf die euch angemessene Weise andere an eurer Liebe teilhaben zu lassen.

An dieser Stelle soll noch auf die beiden anderen Magier-Entwürfe von Frieda Harris eingegangen werden. Sie sind in den neuen Ausgaben der Karten mit abgedruckt (leider fehlen deshalb die weiße und die schwarze Karte). Es handelt sich hier um Bilder des weißen und des schwarzen Magiers. Sie seien hier kurz besprochen für alle diejenigen, die diese beiden Karten ins Spiel miteinbeziehen wollen.

Der *weiße Magier* steht im Dienste alles Guten, Hellen, Lichten, Positiven. Er setzt sich voll und ganz für diesen Pol der Dualität ein. Man erkennt ihn am geflügelten Sonnensymbol über seinem Kopf. Die mächtige Schlange im Hintergrund weist darauf hin, daß die Kundalini-Kraft auf allen Ebenen integriert ist und sich im Einklang mit dem Ganzen befindet.

Für deine Beziehung bedeutet dieser Magier: In eurem Miteinander überwiegen die lichten und hellen Kräfte. Eure Kommunikation ist offen, klar und ehrlich.

Beim *schwarzen Magier* befinden sich Kundalini und geflügeltes Sonnensymbol im Bereich der unteren Energiezentren. Seine Aktionen stehen bewußt oder unbewußt im Dienste der dunklen Mächte, dargestellt durch das dämonenhafte Monster im Hintergrund. Dieser Magier benutzt seine Kräfte eigennützig und stellt sich damit gegen den Willen des Ganzen.

Ziehst du diese Karte für deine Beziehung, so zeigt sie die derzeitige Tendenz, den anderen für deine selbstsüchtigen Zwecke zu benützen und zu mißbrauchen. Du übst Druck aus oder wendest Verführungskünste an, um deinen Partner zu besitzen und von dir abhängig zu machen. Er dient dir als Mittel zur Befriedigung deiner Erwartungen und Ansprüche. Erfüllt er diesen Zweck nicht, so muß er damit rechnen, bestraft zu werden.

Den von Crowley autorisierten Magier können wir als den *transzendenten Magier* bezeichnen. Er trägt die Kräfte des Hellen und Dunklen in sich, was seiner Erscheinung etwas Schillerndes gibt. Dieser Magier hat beide Pole kennengelernt und in sich integriert. Die geflügelte Sonne ist hoch über seinem Kopf. Er ist amoralisch und in der Lage, dunkle und helle Energien für seine Arbeit an der Transzendenz einzusetzen. Er weiß, daß letztlich alles Teile des Ganzen sind, die – in harmonischer Beziehung zueinander – den Quantensprung aus der Dualität heraus ermöglichen. Freiheit existiert jenseits von Gut und Böse. Aus dieser Perspektive sieht der Weise, daß alles zum gleichen kosmischen Spiel gehört.

Das, was anfangs über den Magier in Beziehungen ausgeführt wurde, bezieht sich vor allem auf den transzendenten, und zum Teil auch auf den weißen Magier.

Frage: *Über welche Bereiche eures Miteinanders möchtest du dich mehr als bisher mit deinem Partner austauschen?*

Anregung: *Meditiere über den Satz: »Wenn du einen Zauber erleben willst, laß deine Rüstung fallen. Zauberei ist stärker als Stahl.« Aus: Richard Bach, »Brücke über die Zeit«, Ullstein Verlag.*

Affirmation: *Ich kommuniziere offen, leicht und frei.*

II. Die Hohepriesterin (The Priestess)

Stichworte: *Seelenverwandtschaft, spirituelle Beziehung; Möglichkeit, die »höhere« Bestimmung zu erkennen; Vertrautheit, Verbundenheit, Intuition; Unabhängigkeit, Freiheit; Kontakt zum »Höheren Selbst«; Integration der inneren, männlichen und weiblichen Anteile.*

Die Hohepriesterin betont den spirituellen Aspekt einer Beziehung. Sie verkörpert die Verbindung zum Grenzenlosen, ist ein Bild des Immateriellen, des Lichts jenseits von Hell und Dunkel.

Du fühlst die tiefe Seelenverwandtschaft mit deinem Partner und die besondere Aufgabe, die euch zusammengeführt hat. Der gegengeschlechtliche Anteil, den jeder von euch in sich trägt, muß jetzt nicht mehr ausschließlich auf den Partner im Außen projiziert werden. Indem ihr diese Bereiche in euch entwickelt, wächst jene Weisheit und Freiheit, die es euch möglich macht, eurem Partner als vollständiges Individuum gegenüberzutreten. Die Beziehung zu deinem Partner ist nicht mehr ausschließlich durch Bedürftigkeit gekennzeichnet. Das, was ihr miteinander teilt, entspringt eurem inneren Reichtum, eurer persönlichen Erfahrung. Auf diese Weise gewinnt euer Miteinander eine Reife, die euch zu neuen Ebenen des Teilens führt.

Auch wenn ihr euch mit handfesten Problemen auseinandersetzen müßt, so spürst du doch ganz tief in dir eine Verbundenheit, die nicht auf die raum-zeitliche Ebene beschränkt ist. Selbst dann, wenn die sexuelle Anziehung zu deinem Partner an Bedeutung verlieren sollte, wird das feine Energieband zwischen euch bestehen bleiben.

Möglicherweise ist euch die »höhere« Ebene eurer Beziehung noch gar nicht in vollem Umfang bewußt. Jetzt aber ist ein guter Zeitpunkt, euch solchen Dimensionen zu öffnen und ihren Wert zu erkennen. Kleinliche Beziehungskonflikte können in den Hintergrund treten. Eure Verbindung ist so stark, daß ihr es euch erlauben könnt, euch auf eure Individualität (also: Unteilbarkeit) und Unabhängigkeit zu besinnen.

Laß dich durchlässig werden für freies und harmonisches Geben und Empfangen. Sei offen für Beziehungen zu anderen Menschen. Akzeptiere, daß es nicht so sehr Leidenschaft ist, die euch verbindet; eure wahre Natur ist vielmehr kosmischer Art. Das stille, unaussprechbare Wissen um eure Verbundenheit führt euch in tiefere Ebenen, als jeder körperliche Orgasmus allein es könnte.

Freiheit und Freundschaftlichkeit treten jetzt in den Vordergrund. Die Freiheit, die du deinem Partner gewährst, wurzelt in deiner eigenen Erfülltheit, in der Integration deiner männlichen und weiblichen Anteile. Wenn du dir jetzt Raum und Zeit für dich selbst nimmst, so entspricht dies einem tiefen inneren Bedürfnis; in deinem Alleinsein opferst du keineswegs das Zusammensein mit deinem Partner. Vielmehr schöpfst du neue Kraft und inneres Wissen, das du dann in fruchtbarer Weise mit deinem Partner teilen kannst. Aus dem »Freilassen« wird mehr und mehr ein »Freiwerden«, das dich und deine Beziehung umfaßt.

Die Hohepriesterin weist auch darauf hin, daß ihr euch gegenseitig beim Entfalten eurer intuitiven Fähigkeiten unterstützen könnt. Möglicherweise entsteht daraus sogar ein gemeinsames Arbeitsprojekt. Auf jeden Fall aber kann einer dem anderen helfen, den Kontakt zum inneren Führer und Heiler zu vertiefen. Auch in Zeiten, in denen euch große Entfernungen voneinander trennen, könnt ihr telepathisch in Verbindung stehen.

Frage: *Zu welchen Menschen spürst du eine besondere Verbundenheit auf höherer Ebene?*

Anregung: *Meditiere regelmäßig mit deinem Partner.*

Affirmation: *Ich vertraue meinem intuitiven Wissen und teile es mit Menschen, die dafür offen sind.*

III. Die Kaiserin (The Empress)

Stichworte: *Anima; Weiblichkeit, Schönheit, Harmonie, Liebe, Fülle; Mütterlichkeit, lebendige Emotionalität, Sensibilität.*

Die Tarotkarte »Die Kaiserin« repräsentiert die Frau im Zusammensein der Geschlechter. Sie verkörpert die Qualität des weiblichen Prinzips (Yin) als Gegenpol zum männlichen (Yang). Ihre Merkmale sind das Empfangende, die Fülle, die Schönheit, das Nährende, die Fruchtbarkeit, das Formgebende, die Hingabe, das Fließen, die Einfühlsamkeit.

Taucht diese Karte in Beziehungsfragen auf, so weist sie auf die Qualitäten von Schönheit, Stärke, Ästhetik, Reichtum, Weisheit und Fülle im Miteinander hin.

Wird die Karte von einer Frau gezogen, zeigt sie, daß die Möglichkeit gegeben ist, die eigene Weiblichkeit an der Seite des Partners zu entwickeln. Du spürst, daß deine Einfühlsamkeit und Rezeptivität keineswegs Schwäche oder gar Selbstaufgabe bedeutet, sondern eine besondere Stärke darstellt; deine Emotionalität nicht Launenhaftigkeit, sondern Lebendigkeit; deine Mütterlichkeit nicht besitzergreifende Vereinnahmung, sondern echte Stärke und Herzenswärme ist. Wenn du voll und ganz zu dir als Frau stehst – und nur du selbst wirst letztendlich wissen, welche besonderen Qualitäten dies für dich einschließt –, so wirst du für deinen Partner nicht nur attraktiv und anziehend sein, sondern kannst ihm dabei helfen, seinen »Mann« zu entwickeln und zu leben.

Du bist maßgeblich daran beteiligt, eure Beziehung zu einem Ort des Feierns, des Genießens, der anmutigen Schönheit und Liebe zu gestalten. Du bist Mutter und Göttin, Geliebte und Königin, Herrscherin und Weise. Deine besondere Ausstrahlung lädt deinen Partner und andere Menschen deiner Umgebung ein, zu verweilen und teilzuhaben an der Harmonie deines Wesens.

Das Ziehen dieser Karte zeigt, daß du jetzt Zugang finden

kannst zu all diesen Qualitäten, und daß du bereit bist, dich auf tiefer Ebene mit dem Thema deines Frau-Seins zu befassen.

Wenn ein Mann diese Karte zieht, so ist dies ein Hinweis darauf, daß seine Partnerin derzeit die ideale weibliche Ergänzung ist. Alles, was du bei einer Frau suchst, ist jetzt mit deiner Partnerin möglich. Erkenne sie als deine Lehrmeisterin. Was du von ihr bekommen kannst, bezieht sich auf deine eigenen weiblichen Qualitäten (deine innere Frau, deine Anima). Indem du dich auf Nähe und Intimität mit ihr einläßt, hilft sie dir bei der Integration der von dir vernachlässigten oder unterdrückten anderen Seite; sie zeigt dir deine Sensibilität, deine Verletzlichkeit, deine Zärtlichkeit, deine Emotionalität, deine Fähigkeit zur Hingabe, deine Anmut!

Ist die Beziehung zu deiner Partnerin konfliktgeladen oder hast du Ängste vor zu großer Nähe, so zeigt diese Karte die Notwendigkeit und Möglichkeit auf, dich mit deiner ungeklärten Mutterbeziehung auseinanderzusetzen. Du magst dich durch deine Partnerin vielleicht eingeengt oder erdrückt fühlen, oder sehnst dich vergebens nach Wärme und Geborgenheit; du kämpfst vielleicht um Anerkennung und Liebe, oder fühlst dich überfordert durch Wünsche und Bedürfnisse deiner Partnerin.

Wenn du in diesem Zusammenhang die Kaiserin gezogen hast, so sagt dir diese Karte, daß der Kampf, den du jetzt führst, nichts weiter als ein Schattenboxen ist. Du bist jetzt bereit und in der Lage, deine überholten Mutterprojektionen zu erkennen und zurückzunehmen. Indem du zu deiner inneren Frau Zugang gewinnst, fallen alte Ängste von dir ab, und du kannst deine Partnerin als das sehen, was sie wirklich ist.

Frage: *Welches sind die Qualitäten deiner inneren Frau?*

Anregung: *Yin-Yang-Spiel: Nehmt euch Zeit für ein längeres Zusammensein, in dem jeder von euch nach Absprache abwechselnd die Rolle des männlichen bzw. weiblichen Prinzips einnimmt. Zum Beispiel bist du einen Tag lang der männlich Aktive, während dein Partner die Rolle des weiblich Rezeptiven* *einnimmt. Danach tauscht ihr eure Rollen. Sprecht vor und nach dem Spiel darüber, wie ihr diese Rollen versteht und erlebt habt.*

Affirmation: *Ich entwickle meine weiblichen Anteile und gebe ihnen Ausdruck.*

IV. Der Kaiser (The Emperor)

Stichworte: *Animus; Männlichkeit; Autorität, Vater, Macht; die männlichen Aspekte von Mann und Frau.*

Die Tarotkarte »Der Kaiser« repräsentiert den Mann im Zusammensein der Geschlechter. Er verkörpert die Qualität des männlichen Prinzips (Yang) als Gegenpol zum weiblichen (Yin). Seine Merkmale sind das Aktive, das Struktur- und Formgebende, das Feurig-Dynamische, das Eindringende und Erobernde, der Wille, das Direkte, die Tat, die Kraft.

Auf die Ebene des menschlichen Miteinanders übertragen, repräsentiert der Kaiser männliche Autorität, Väterlichkeit, den Eroberer und Gestalter der Materie, den Initiator und Führer.

In einer einseitig männlich orientierten Gesellschaft sind diese maskulinen Grundprinzipien zum Teil zu extremen und perversen Formen erstarrt. Der durchschnittliche »Mann mit Charakter« ist mehr oder weniger zum Opfer gesellschaftlicher Rollenvorstellungen geworden, die ihn veranlassen, seine eigenen weiblichen Aspekte (die weiblichen Anteile in ihm) zu leugnen und zu bekämpfen. So entstehen jene Formen autoritären Verhaltens, jenes Sich-Beherrschen-Müssen, das eher eine Karikatur der wahren männlichen Würde darstellt. In dem Maße, wie der Mann seine innere Weiblichkeit ablehnt, unterdrückt er auch die real existierende Frau.

Beide Aspekte – echte Männlichkeit und erstarrtes Rollenverhalten – können durch diese Tarotkarte angesprochen werden.

Zieht ein Mann diese Karte, so ist er aufgefordert, die Bereiche seiner männlichen Kraft anzuerkennen und ihnen furchtlos Ausdruck zu verleihen. An der Seite deiner Partnerin hast du die Möglichkeit, deine männlichen Anteile zu entwickeln.

Gerade jetzt ist es wichtig, dich von alten, anerzogenen Vorstellungen deiner Männlichkeit zu befreien. Sonst besteht die Gefahr, echte Stärke mit starrem, autoritärem Verhalten zu verwechseln. Du solltest vermeiden, Machtpositionen aufzubauen, die dich unerreichbar machen. Indem du auch deine Weichheit und Sensibilität, deine Schwäche und Bedürftigkeit zeigst, entwickelst du deine wahre Größe als Mann, durch die du vollständig und ganz wirst. Wenn du deine Männlichkeit in deiner Beziehung zuläßt und entwickelst, hilfst du deiner Partnerin, ihre Weiblichkeit zu entfalten.

Zieht eine Frau diese Karte, so geht es um die Auseinandersetzung mit ihren männlichen Anteilen, die es kennenzulernen und zu entwickeln gilt. Der Ehemann, Freund oder Geliebte (mitunter auch ein Vorgesetzter oder eine andere Autoritätsperson) übernehmen die Funktion, dich mit diesen inneren Bereichen in Kontakt zu bringen. Besteht eine Anziehung, so repräsentiert dieser Mann wichtige Aspekte deines Animus, deines inneren Mannes. Das, was dich im Außen bei einem Mann anzieht, sind eigene Wesenszüge, die bei dir nach Entfaltung, Ausdruck und Erfüllung streben.

Ist eure Beziehung konfliktgeladen, so ist es wahrscheinlich an der Zeit, dich mit unverarbeiteten, problematischen Vaterbindungen auseinanderzusetzen. Du sehnst dich nach einem Mann mit echter Stärke, an dessen Seite du deine weiblichen Aspekte entfalten kannst. Du hast den Wunsch nach tiefer Hingabe und stellst deshalb an deinen Partner Anforderungen, die er vielleicht gar nicht erfüllen kann. Solange du im Mann den perfekten Vater bzw. deine eigenen unverwirklichten Animus-Anteile suchst, wird die Grundenergie deiner Männerbeziehungen vom Kampf gegen die Unzulänglichkeiten deines Partners bestimmt sein.

Frage: *Welches sind die Qualitäten deines inneren Mannes?*

Anregung: *Yin-Yang-Spiel (siehe Anleitung bei III. Die Kaiserin).*

Affirmation: *Ich entwickle meine männlichen Anteile und gebe ihnen Ausdruck.*

V. Der Hohepriester (The Hierophant)

Stichworte: *Spiritualität; Suche nach dem inneren Führer bzw. Lehrer; Weisheit; Meditation; Seelenverwandtschaft; Bereitschaft, voneinander zu lernen; gemeinsame Lern- und Bewußtwerdungsprozesse.*

Wie bei der Priesterin, so rückt auch »Der Hohepriester« den spirituellen Aspekt deiner Beziehung in den Vordergrund. Wichtiger noch als eure sexuelle Mann-Frau-Verbindung ist das Wissen um eine Seelenverwandtschaft, die unabhängig ist von der Zufälligkeit vergänglicher Liebesaffären.

Dein Partner ist nicht nur Freund oder Geliebter, sondern in gewisser Hinsicht auch dein Lehrer und Führer. Wenn du das erkennen und annehmen kannst, wirst du ihm auch in eurem alltäglichen Miteinander oder in Situationen von Auseinandersetzungen und Konflikten anders gegenübertreten können. Diese neue Perspektive bedeutet nicht, daß du nun anfangen solltest, zu deinem Partner aufzuschauen – so als ob du nur im Dich-Unterordnen von ihm lernen könntest. Für die Liebe gibt es nur Gleichwertigkeit – gleiches Geben und Empfangen. Jede Seele hat ebensoviel zu lernen, wie die andere zu lehren hat. Achte also darauf, daß du deinen Partner – auch wenn du von und mit ihm lernst – als gleichwertiges Gegenüber betrachtest.

Es zeugt von deiner eigenen Intelligenz, deinem Verständnis

und deiner Reife, wenn du einem anderen Menschen eine
»Lehrerfunktion« für dich zubilligen kannst. Dein Gefährte
kann dir dabei helfen, dich in Kontakt zu bringen mit deinem
eigenen inneren Führer. Dies geschieht auf natürliche Weise,
allein durch die besondere Qualität eurer Verbindung.

Häufig sehen Beziehungen jedoch so aus, daß ein Partner von
Anfang an die Rolle des überlegenen »Lehrers« und der andere
die des aufblickenden »Schülers« übernommen hat. Eine solche,
auf Ungleichheit aufgebaute Verbindung, bricht in dem Augenblick auseinander, wo der »Schüler« selbständig oder der »Lehrer« seiner Rolle überdrüssig geworden ist. Solche Beziehungsmuster können als neurotisch bezeichnet werden. Die Karte
»Der Hohepriester« wird in diesem Zusammenhang vermutlich
kaum gezogen. Geschieht dies dennoch, so will sie dem Partner
in der »Lehrerrolle« aufzeigen, daß er seine Augen für die
Tatsache öffnen sollte, daß auch er als scheinbar Überlegener
vom anderen sehr viel bekommt und zu lernen hat.

Falls du in der »Schülerrolle« diese Karte ziehst, so gilt es,
dir bewußt zu machen, in welchen Lebensbereichen du deinen
Partner als Lehrmeister anerkennst, bzw. wann nicht. Sprich
mit deinem Partner offen darüber.

Oft liegen solchem Rollenverhalten unbewußte und unausgesprochene Übereinkünfte zugrunde. Je bewußter ihr beide
damit umgeht, desto schneller kann euer Miteinander von
neurotischem Ballast befreit werden. Es wird euch dann möglich sein, rascher und gezielter zu den tieferen Ebenen eurer
hohepriesterlichen Verbindung vorzudringen. Ihr gehört vielleicht zu den wenigen glücklichen Paaren, denen es gelingt, das
alltägliche Miteinander mit der gemeinsamen spirituellen Aufgabe zu verbinden.

Der Hohepriester zeigt in jedem Fall, daß für dich in der
Begegnung mit deinem Partner wichtige Lern- und Bewußt-
seinsprozesse stattfinden. Die sexuelle Ebene mag mit der Zeit
vielleicht in den Hintergrund treten. Doch die Erfahrung des
Miteinanders auf dem Weg der gemeinsamen Suche verbindet
euch auf eine Weise, die als zeitlos bezeichnet werden kann.

Vieles spricht dafür, daß die Verbindung zwischen deinem

Partner und dir schon sehr lange besteht. Als ihr euch begegnet seid, wart ihr wahrscheinlich sehr schnell miteinander vertraut, und vielleicht hattet ihr sogar den Eindruck: »Wir kennen uns schon«. Aber selbst, wenn ihr euch nicht in früheren Leben begegnet seid, so tragt ihr beide ein altes Wissen in euch, das ihr jetzt gegenseitig wachrufen könnt. Das Wichtigste, was es jetzt für euch zu tun gibt, ist gemeinsame Meditation.

Diese Karte ist auch ein Hinweis darauf, daß für dich noch andere spirituelle Beziehungen wichtig sind. Das können Menschen sein, die dich aus irgendeinem »rätselhaften« Grund faszinieren; das kann aber auch ein spiritueller Meister sein, dessen Nähe du aufsuchen solltest. Vielleicht haben jetzt bestimmte Bücher für dich eine bedeutende Funktion.

Die wichtigste spirituelle Beziehung aber ist die zu deinem eigenen »Höheren Selbst«, zu deinem inneren Führer. Wenn du den Hohepriester ziehst, dann klopft dieser innere Führer in irgendeiner Form bei dir an – finde heraus, wie du ihm immer öfter und immer tiefer begegnen kannst.

Frage: *Bist du bereit, von deinem Partner zu lernen?*

Anregung: *Sagt euch gegenseitig, auf welchen Gebieten ihr voneinander lernen könnt.*

Affirmation: *Im Zusammensein mit meinem Partner entdecke ich mich selbst.*

VI. Die Liebenden (The Lovers)

Stichworte: *Liebe; Beziehung als Lernfeld; Streben nach Vereinigung; Zusammentreffen der Gegensätze; Intensität; Vollständigkeit; Transzendenz.*

Die Karte »Die Liebenden« ist sicherlich *die* Hauptkarte im Beziehungstarot. Sie zeigt wie keine andere die Sehnsucht, die Anziehung, die Auseinandersetzung, das Abenteuer des Strebens nach Vereinigung der Gegenpole von Mann und Frau.

Über den Ursprung der Trennung der Geschlechter – dem Herausfallen aus der ursprünglichen Einheit – erzählen zahlreiche Mythen in den unterschiedlichen Kulturkreisen. Diese Erinnerungen scheinen tief im kollektiven Unterbewußtsein der Menschen vorhanden zu sein. Sie erzählen davon, daß Mann und Frau ursprünglich als Einheit erschaffen worden sind. Erst später wurden beide voneinander getrennt.

»Als die Natur des Menschen gespalten wurde, sehnte sich jede Hälfte nach ihrer anderen Hälfte und verband sich mit ihr; sie schlangen die Arme umeinander, sie umklammerten einander in ihrem Verlangen, zu einem einzigen Wesen zu verschmelzen (...). Daher ist seit so ferner Zeit die Liebe zu seinem· Nächsten in den Menschen gepflanzt: Die Liebe, die unsere ursprüngliche Natur wiedervereinigt; die Liebe, die versucht, aus zwei Wesen ein einziges zu machen, mit anderen Worten, unsere Natur zu heilen!« (aus: Plato, Das Gastmahl).

Das kosmische Experiment der Dualität auf diesem Planeten versperrt jedoch den direkten Weg, der zurückführt in die ursprüngliche traumgleiche Einheit. Diese mag in Urzeiten ein paradiesischer Zustand der vollkommenen Glückseligkeit gewesen sein, konnte aber von den Individuen in ihrem vorbewußten Dasein nicht erkannt werden. Der Fisch im Ozean weiß nicht, daß er zeit seines Lebens Teil seines Elementes Wasser ist. Erst die Erfahrung, gewaltsam aus seiner ursprünglichen Einheit gerissen zu werden, läßt ihn das Selbstverständliche bewußt erkennen. Getrennt vom nährenden, lebensnotwendigen Element, auf der Sandbank zappelnd, strebt sein ganzes Sein zur Wiedervereinigung.

Die Dualität macht dem Menschen den Fall aus der kosmischen Einheit sichtbar und erfaßbar. Das verzweifelte Verlangen, die Trennung mit seinem Geliebten aufzuheben und mit ihm eins zu werden, trägt die Sehnsucht nach der Einheit mit dem kosmischen Ozean in sich. Solche Versuche erweisen sich jedoch immer wieder als Illusion, solange wir die uns fehlende Ergänzung in einem äußeren Partner suchen und ausschließlich von ihm erwarten, uns vollständig zu machen.

»Solange wir unsere sexuelle Ergänzung außerhalb von uns suchen und verfolgen, empfinden wir unvermeidlich einen schmerzlichen Mangel, eine quälende Kluft, die wir vergeblich durch ein intensives, erfülltes Gefühls- und Liebesleben überbrücken wollen. Wir wissen genau, wie sehr bei allen gefühlsmäßigen Beziehungen die Angst, die geliebte Person zu verlieren, zu Unruhe und Besorgnis führen kann (...). Jedes leidenschaftliche Gefühl, das auf ein bestimmtes Individuum gerichtet ist, muß gleichbedeutend mit Spannung und Störung sein.« (Cecile Sagne, Geheiligter Eros).

Diesem Teufelskreis aus Illusionen können wir erst in dem Augenblick entgehen, wenn wir auf tiefer Ebene realisieren, daß die gesuchte Einheit und Vollständigkeit nur in uns selbst zu finden und herzustellen ist. Jeder Mann und jede Frau trägt die gegengeschlechtlichen Anteile (Anima und Animus) in sich. Ein befreiter Mensch hat die männliche und weibliche Natur wiedervereinigt, Anima und Animus versöhnt, die gegensätzlichen Pole integriert und damit die Dualität überwunden.

Die Karte der Liebenden weist darauf hin, daß du in der Vereinigung mit deinem geliebten Partner einen Geschmack von der letztendlich angestrebten Einheit erhalten kannst. Eure Beziehung ist ein unschätzbar wertvolles Lern- und Experimentierfeld. Du kannst in der Realität existentiell erfahren, was in dir für deine Ganzwerdung zu entwickeln ist.

Liebe ist kein Problem, das man lösen könnte, sondern sie ist und bleibt ein Mysterium, das *gelebt* werden muß. Hast du die Karte der Liebenden in bezug auf deinen Partner gezogen, so seid ihr aufgefordert, miteinander alles zu erleben und auszukosten, was zwischen wirklich Liebenden möglich ist. In eurem Zusammensein öffnen sich Dimensionen des Seins, zu denen du allein auf diese Weise kaum Zugang finden könntest.

Dein Leben wird umso reicher, je tiefer du dich auf die Liebe einläßt. Damit ist aber nicht nur die zärtliche und lustvolle Seite der Liebe gemeint, sondern das betrifft auch ihre Schattenseiten: Eifersucht, Streit, Schmerz, Trennung. Gehe Auseinandersetzungen mit deinem Partner nicht aus dem Weg, sondern laß dich tief auf sie ein. Im Akzeptieren und Verstehen eurer Gegensätzlichkeit wird es dir nach und nach gelingen, deine Ansprüche, Erwartungen und Projektionen zu dir zurückzunehmen und deinen Partner als das zu sehen, was er wirklich ist: Nämlich nicht die Manifestation dessen, was dir fehlt, sondern ein Individuum, das in Wahrheit unendlich anders ist als du. Nur wenn du ihm die Freiheit einräumst, dir in keiner Weise zu gehören, akzeptierst du seine Realität, wie immer sie auch aussehen mag. Indem du ihn in seiner Andersartigkeit wahrnimmst, wirst du dich immer wieder auf dich selbst zurückgeworfen fühlen, was dich darauf hinweist und dir hilft, im Erkennen der eigenen Vollständigkeit die innere Gespaltenheit zu überwinden.

Frage: *Was gibt dir dein Partner, was du in dir vermißt?*

Anregung: *Falls dir die obigen Ausführungen zu kompliziert und unverständlich erscheinen – vergiß sie erst einmal, und stürze dich kopfüber in die Herausforderungen deines Liebesabenteuers. Nach einiger Zeit kannst du diese Gedanken nochmals durchlesen. Vielleicht wirst du sie dann besser verstehen. (!)*

Affirmation: *Liebe ist kein Problem, das es zu lösen gilt, sondern ein Mysterium, das gelebt werden muß.*

VII. Der Wagen (The Chariot)

Stichworte: *Neuanfang; Zeit der Vorbereitung und der Klärung; Meditation; Innenschau; Reise in erweiterte Seinsbereiche.*

Für dich und damit auch für deine Beziehung bahnt sich ein grundlegender Neubeginn an, ein Wechsel in erweiterte Seinsbereiche. Vielleicht siehst du schon sehr deutlich, worauf die Veränderung hinausläuft. Das Leben selbst setzt deutliche Zeichen und Signale für einen bevorstehenden Wandel. Möglicherweise ist es auch nur eine Ahnung, ein nicht zu erklärendes Gefühl des Abschieds von den bisherigen Verhältnissen. In der Regel signalisiert der Wagen nicht nur innere Wandlungen, sondern früher oder später auch sichtbare Erweiterungen deiner äußeren Lebensverhältnisse.

Du begibst dich auf einen neuen Weg und die Frage, die vor dem Start zuerst geklärt werden muß, lautet: »Ist dieser Weg auch der Weg meines Partners?« Wenn dein Partner in irgendeiner Weise versucht, dich zu bremsen, dann starte ohne ihn. Wenn er aber – was wahrscheinlich ist – in die gleiche Richtung zieht, dann ist es an der Zeit, gemeinsam alle notwendigen Vorbereitungen im Innen und Außen zu treffen.

Wie sieht eine solche Vorbereitung aus? Wenn ihr die Karte genauer anseht, werdet ihr feststellen, daß der Wagenlenker meditiert. Das Betrachten der rotierenden Scheibe, die das Glücksrad symbolisiert, ist ein Hinweis auf eine meditative Innenschau. In tiefer Versenkung werden alle möglichen Konsequenzen, die der Start in die erweiterte Zukunft mit sich bringen mag, untersucht und geprüft.

Gemeinsame Meditationen stellen eine geistige Vorbereitung dar. Daneben ist es aber auch wichtig, den Neubeginn auf der materiellen Ebene vorzubereiten. Das bedeutet: Klarheit in bezug auf die Wohnsituation, den Beruf, die Finanzen. Die derzeitigen Verhältnisse sollten in allen Bereichen bereinigt und geklärt werden, so daß alles Alte abgeschlossen werden kann.

Der Wagen deutet sehr häufig auf bevorstehende Projekte hin, die es – allein oder gemeinsam – in Angriff zu nehmen gilt. Dies kann die berufliche Ebene betreffen, ebenso wie den familiären und häuslichen Bereich. In jedem Fall werden solche größeren Unternehmungen die Situation eures Miteinanders nachhaltig prägen und umgestalten. Auch hier gilt es, sich jetzt schon innerlich auf das Bevorstehende einzustellen.

Viele der Vorbereitungen zu eurer »Reise« kannst du gemeinsam mit deinem Partner treffen, manches aber wirst du alleine tun müssen. Es kann sein, daß jeder von euch jetzt sehr viel Zeit und Raum braucht, um sich zurückzuziehen. In diesem Fall bestehe konsequent auf deinem Alleinsein oder respektiere die Phasen des Rückzugs bei deinem Partner. Wenn alles geschehen ist, was für euren Neuanfang notwendig war, dann startet ohne Angst. Eure Chancen stehen in jedem Fall gut, auch wenn die »Reise« vielleicht anders und abenteuerlicher verläuft, als ihr euch das jetzt vorstellt. Setzt euch ein Ziel, aber seid bereit für Überraschungen. Die Erweiterung eures Lebens wird sicherlich die Grenzen eurer Vorstellungen sprengen.

Frage: *Welche Bereiche deines Lebens betrifft der bevorstehende Neubeginn? Welche Konsequenzen entstehen daraus für deine Beziehung?*

Anregung: *Zieht eine Bilanz eurer gegenwärtigen Lebenssituation. Jeder fertigt dazu eine Liste an mit folgenden Stichworten: Wohnsituation, Beruf, kreativer Selbstausdruck (Hobby etc.), Körper, Geld, Beziehung zu meinem Partner, sonstige Beziehungen, Sexualität. Beschreibt zu jedem Stichwort die jetzige Situation, eingeteilt in positive und negative Aspekte. Am Ende formuliert die Wünsche oder Ziele, die in dem jeweiligen Bereich für euch offen sind. Tausche dich danach mit deinem Partner aus und wähle den Bereich, dessen Veränderung dir am wichtigsten ist. Formuliere positive Affirmationen zu deinen Wünschen und arbeite regelmäßig damit. Überlege, mit welchen konkreten Schritten du deinem Ziel näherkommen willst.*

Affirmation: *Ich ordne mein Leben und mache mich bereit für den Neubeginn.*

VIII. Ausgleichung (Adjustment)

Stichworte: *Meditation: Harmonie, Balance, inneres Gleichgewicht; Zentriertheit; Ruhen in der eigenen Mitte; Klarheit; Einheit.*

Das Sternzeichen der Waage, das dieser Tarotkarte zugrunde liegt, steht u. a. für die Bereiche von Partnerschaft, Ehe oder eheähnlicher Beziehung. Wenn du diese Karte gezogen hast, so spricht sie diese Aspekte in der jetzigen Situation mit deinem Partner an. Vielleicht erlebt ihr in eurem Zusammensein jene Balance und Zentriertheit, die das Bild der Ausgleichung darstellt. In jedem Fall zeigt sie deine Bereitschaft für ein harmonisches Miteinander. Du sehnst dich nach Klarheit und echtem inneren Frieden und bist bereit, dich für die Erreichung dieses Zieles einzusetzen. Achte jedoch darauf, daß dein Streben nach Harmonie und nach geregelten Verhältnissen nicht nur Ausdruck deiner Angst vor Offenheit und Spontaneität ist.

Die Ausstrahlung dieser Tarotkarte umfaßt gleichzeitig das Innere wie das Äußere. Viele Beziehungen verwelken im Inneren, weil die Partner den unmöglichen Versuch unternommen haben, die Liebe füreinander durch Eheschließung, juristische oder persönliche Abkommen sicherzustellen. Liebe jedoch ist ein Kind der Freiheit! Wird sie eingesperrt, in Ketten gelegt, so ist der erste Schritt getan, sie zu zerstören.

Die Tiefe eurer Verbindung hat nichts mit Absicherungen zu tun. Wenn ihr Liebe und Meditation kennengelernt habt, so besteht für euch keine Notwendigkeit, das, was bis in die Tiefen eures Wesens gedrungen ist, durch äußere Formalitäten zu ersetzen.

Die Balance und Harmonie, die hier gezeigt wird, erwächst vielmehr aus einer tiefen inneren Erfahrung, aus einem Seinszustand, der sich natürlicherweise auch im Außen manifestiert. Eine solche Ausgeglichenheit trägt die Qualität von meditativem Sein. Sie entsteht aus dem Finden und Zulassen der eigenen Mitte und muß nicht durch Krücken von Formalitäten und Verträgen gestützt werden.

Nicht immer weist diese Karte auf bereits vorhandene Harmonie und Balance hin. Sie kann auch bedeuten, daß die derzeitige Situation in deiner Beziehung deine innere Stabilität sehr in Frage stellt. Eure Gemeinsamkeit ist vielleicht durch äußere Geschehnisse harten Proben ausgesetzt. Du bist mit Unsicherheit konfrontiert, erlebst zerrüttende Konflikte und fühlst dich aus deiner Mitte geworfen. Du balancierst auf einem winzigen Punkt – wie das auf der Karte abgebildete Schwert – und suchst vergeblich nach sicherem Halt.

Die »Ausgleichung« ist aber keine Karte der Konfrontation. Wenn es jetzt zwischen deinem Partner und dir Schwierigkeiten gibt und du diese Karte ziehst, so heißt das: Zieht euch zurück, meditiert – jeder für sich – und dann kommt wieder zusammen. Durch die gewonnene Distanz und Klarheit kann eure Offenheit umso tiefer sein.

Grundsätzlich kannst du diese Karte als Aufforderung verstehen, deinen Ruhepunkt zwischen den Polen zu finden, zwischen Nähe und Distanz, Geben und Nehmen, Yin und Yang. Jede Form der materiellen oder emotionalen Störung ist dazu da, dich auf dich selbst zurückzuwerfen und dadurch zur Meditation zu führen. Auch deine jetzige Beziehungssituation dient so der inneren Klärung und Reinigung. Es ist wichtig zu wissen, daß ab einem bestimmten Punkt unseres persönlichen Wachstums das Praktizieren von Meditation keinen Luxus mehr darstellt, sondern zur Notwendigkeit wird.

Beziehungen sind nicht dazu da, zu funktionieren. Sie haben vielmehr die Aufgabe, uns bei der Entfaltung unseres größten Potentials zu unterstützen. Dieses gipfelt in der Erfahrung, daß das Eintauchen in unsere eigene Mitte mit dem Wiedergewinnen unserer kosmischem Verbundenheit identisch ist.

Erlebst du die Beziehung zu deinem Partner bereits als sehr reif und entwickelt, so benutze diese Möglichkeit, gemeinsam mit deinem Partner in immer neue Tiefen vorzudringen. Nehmt euch die Zeit für regelmäßige meditative Übungen oder Rituale, die ihr miteinander praktiziert. Laßt euch immer wieder aufs Neue euer inneres Zentrum finden und euch in die Welten jenseits des Verstandes tragen.

Frage: *Auf welche Weise hilft dir dein Partner dabei, deine eigene Mitte zu finden?*

Anregung: *Stellt eine Kerze vor euch hin und zündet sie an. Schaut eine halbe Stunde lang in die Flamme, ohne die Augenlider zu bewegen. Wenn euch Tränen kommen, laßt sie rinnen und starrt weiter ins Feuer. Verlagert dabei euer Bewußtsein in das Zentrum der Flamme. Wenn ihr eure Augen wieder schließt, laßt das Licht der Flamme weiter in euren Herzen brennen und sich in euch ausbreiten.*

Affirmation: *Die Beziehung zu meinem Partner hilft mir, mein inneres Zentrum zu entdecken.*

IX. Der Eremit (The Hermit)

Stichworte: *Das eigene innere Licht finden; Selbstexploration; Rückzug, Alleinsein; Möglichkeit der Trennung; Schattenintegration.*

Das übergeordnete Thema für dich und deine Lebensaufgabe besteht in der Suche nach deinem eigenen inneren Licht. Achte darauf, ob die Beziehung zu deinem Partner dieses Ziel unterstützt oder nicht.

Es ist möglich, daß du dich gerade jetzt in deinem tiefen Einlassen auf einen nahestehenden Menschen vollkommen auf dich selbst zurückgeworfen fühlst. Schattenbereiche kommen an die Oberfläche und du spürst, daß es keine Möglichkeit gibt, diesen länger auszuweichen. Es ist Zeit, dich vollkommen deinem Inneren zuzuwenden. Dies kann durch die Auseinandersetzung mit einem wichtigen Menschen geschehen oder durch die Möglichkeit einer Trennung bzw. durch Verlassenwerden. Halbherzige oder oberflächliche Beziehungen sind jetzt nicht mehr befriedigend.

Dies mag dich vorübergehend in Kontakt bringen mit deinem existentiellen Alleinsein – einem fundamentalen Aspekt deiner menschlichen Existenz. Wir sind alleine in dieses Leben eingetreten und werden es alleine wieder verlassen. In der kurzen Zeitspanne zwischen Geburt und Tod versuchen die meisten Menschen ihr existentielles Alleinsein durch die verschiedensten Arten von menschlichem Miteinander zu leugnen und zu verdrängen. Daher der anfängliche Schock, die einsetzende Panik, wenn diese Ablenkungsmanöver nicht mehr funktionieren und man zum ersten Mal mit seinem tatsächlichen Alleinsein konfrontiert wird.

Du wirst diesen Zustand als trostlose, hoffnungslose Einsamkeit erfahren, solange du im Defizit bist, d. h. innerlich Mangel empfindest. Dir fehlt etwas; der Partner geht dir nicht aus dem Sinn, die Sehnsucht nach ihm wühlt in dir und verzehrt deine Lebensfreude. Erst wenn du dich in all diese quälenden Bereiche hineinfallen läßt, kannst du zu deinem wahren Selbst, zu deinem inneren Licht finden. In dem Augenblick, wo du dorthin gelangst, wird aus dieser Einsamkeit die ekstatische Erfahrung deines wahren Alleinseins: All-Eins-Sein.

Erst wenn du diesen inneren Raum kennengelernt hast, bist du bereit für eine reife Beziehung. Du wirst nicht mehr den Schmerz der vielen Aspekte des Getrenntseins blindlings und automatisch nach außen auf deinen Partner projizieren, sondern dieselbe Energie deiner inneren Transformation zur Verfügung stellen.

Diese Tarotkarte zeigt, daß alte Schatten verarbeitet werden müssen, damit das Neue in dein Leben treten kann. Sie mag auf die Notwendigkeit von endgültigen oder vorübergehenden

Trennungen hinweisen. In jedem Fall solltest du dir und deinem Partner viel Raum für Selbstexploration und Rückzug gewähren. Dabei wirst du erkennen, daß die Erfüllung, die du beim anderen zu finden erhofftest, in dir selbst und sonst nirgendwo zu suchen ist.

Der andere mag dir helfen, den Schlüssel zu deinem Inneren zu entdecken. Erfüllt deine Beziehung diese Funktion nicht, ist es besser, sie zu beenden. Du wirst dich trotz des Trennungsschmerzes im Alleinsein wohl und wirklich fühlen.

Frage: *Dient deine Beziehung deinem inneren Wachstum?*

Anregung: *Lies nochmal den Abschnitt im ersten Teil: »Die Beziehung zum Ganzen«.*

Affirmation: *Im Alleinsein erfahre ich All-Eins-Sein.*

X. Glück (Fortune)

Stichworte: *Großes Glück; glückliche Wende in der Beziehung; glücklicher Neubeginn; Erweiterung; Bereicherung; Expansion.*

Das große Glück, nach dem du dich so lange gesehnt hast, steht jetzt vor der Tür. Entweder steht eine glückliche Wende in deiner Beziehung bevor, oder du bist im Begriff, dem Partner deiner Träume zu begegnen. Auf jeden Fall solltest du dich bereit machen für die große glückliche Erweiterung in deinem Liebesleben.

Damit die Expansion geschehen kann, mußt du aber auch bereit sein, alte, einengende Strukturen fallenzulassen. Das Neue, Große paßt einfach nicht mehr in deine alten Schubladen aus Sicherheitsdenken und einschränkenden Glaubenssätzen. Lange genug hast du deinen eigenen Wert übersehen und ihn mit Selbstzweifeln überdeckt. Jetzt ist es an der Zeit, dich selbst lieben zu lernen, dich anzuerkennen und im Bewußtsein deines inneren Reichtums auch die äußeren Geschenke anzunehmen, die durch deinen Partner in dein Leben kommen.

Du findest dich mit deinem Geliebten in einer Phase äußerster Intensität. Es »geht rund« – Kleinlichkeiten solltet ihr jetzt großzügig beiseite lassen. Stemme dich nicht gegen die inneren und äußeren Veränderungen. Alles, was sich jetzt wandelt, ist zu deinem Besten und bereichert dich!

Betrachte dein Glück als ein Wachstumsgeschenk in deinem Leben. Es ist größer als dein Ego und daher nicht dein Verdienst. Versuche auch nicht, es festzuhalten, wenn es sich wieder verabschieden will. Früher oder später wirst du verstehen, daß das wahre Glück eine innere Qualität ist, frei von den äußeren Wandlungen.

Jedes Glück, das durch einen geliebten Menschen in dein Leben kommt, ist ein Hinweis auf den Zustand innerer Glückseligkeit in dir – deinem letztendlichen Ziel.

Frage: *Was bedeutet für dich Glück in bezug auf deinen Partner?*

Anregung: *Mache dir das Glück bewußt, das durch deinen Partner in dein Leben gekommen ist. Zeige es ihm in Liebe und Dankbarkeit.*

Affirmation: *Das Glück, das ich durch andere erlebe, führt mich zu meiner inneren Erfüllung.*

XI. Lust (Lust)

Sichworte: *Lust; Überwindung einschränkender Moralvorstellungen; Ehrlichkeit; Lebensfreude; Körperlichkeit; Leidenschaft; Sinnlichkeit; Erneuerung; Sexualität; Schattenintegration; Ekstase; das innere Tier zähmen.*

Lebt eure Lust – das ist, auf den kürzesten Nenner gebracht, die Botschaft dieser Karte. Lebt eure Lust – das klingt so einfach und läßt sich für die meisten von uns doch so schwer verwirklichen.

Dennoch muß Lust vollkommen gekostet, geschmeckt, getrunken werden, wenn wir ihr wertvolles kreatives Potential enthüllen wollen. Letzteres ist zu finden in der eigenen Bewußtwerdung, im Annehmen, Verstehen und Integrieren unserer animalischen Anteile: unserer Triebhaftigkeit, Leidenschaftlichkeit, Wildheit, Aggressivität. Indem wir all jene Energien, die in unserem inneren Tier schlummern, freilassen und zähmen, können wir uns dieses ungeheure Transformationspotential aneignen.

Erziehung und beschränkende Moralvorstellungen haben uns gelehrt, unsere Triebe und »Schatten« zu bekämpfen. Durch Unterdrückung jedoch werden jene Bereiche nicht integriert, das heißt, zu eigen gemacht, sondern lediglich abgespalten. Damit verlieren wir gleichzeitig die Verbindung zur Quelle unserer Lebenslust.

Du hast in deiner Beziehung jetzt eine großartige Möglichkeit: Du kannst alle Schuldgefühle fallen lassen, du kannst alte Moralvorstellungen und Tabus überwinden und so Platz schaffen für Neues – für Transformation. Du kannst deine Lust leben, wenn du bereit bist zur Hingabe und Ehrlichkeit. Hingabe bedeutet vor allem: Laß dich fallen, folge allen Impulsen deines Körpers, und laß dich von ihm leiten. Laß alles geschehen, was geschehen will. Ehrlichkeit bedeutet, deinem Partner deine Neigungen und Bedürfnisse zu zeigen. Sage ihm, was schön für dich ist; sprich alles aus, was in dir vorgeht, was dir fehlt und was dir dabei helfen könnte, deine Lust voll und ganz zu erleben und zu genießen. Experimentiert miteinander! Laßt eurer Wildheit und Verrücktheit freien Lauf!

Auf diese Weise werdet ihr früher oder später euren inneren Schattenbereichen begegnen. Dies sind all jene Seiten in euch, die euch angst machen, die euch erschrecken, die über die Grenzen eures üblichen vorsichtigen Wohlverhaltens hinausgehen. Seid euch bewußt, daß dies wichtige Anteile von euch sind, die ihr kennenlernen und mit denen ihr vertraut werden müßt, um ganz und vollständig zu werden. Ihr braucht dazu Mut, Kraft und bedingungslose Ehrlichkeit. Lebt alles aus, aber tut es mit vollem Bewußtsein; reitet das Biest, aber werdet nicht von ihm geritten! Die Zügel liegen in eurer Hand.

Die Lust, die es jetzt für dich zu leben gilt, muß nicht unbedingt nur deine Körperlichkeit betreffen. Sie kann zur Lebens-Lust werden, die alle Bereiche erfaßt.

Neben der Aufforderung zur Lust, ist diese Karte zugleich eine Mahnung, dich nicht darin zu verlieren. Lust ist nichts weiter als ein Duchgangsstadium. Laß sie nicht zum Endziel werden. Energien, die durch Lust in Bewegung gesetzt werden, sollten nach und nach im reinigenden Feuer geläutert und transformiert werden. Auf diese Weise kann die sexuelle Ekstase zur kosmischen Erfahrung, die körperliche Leidenschaft zur allumfassenden Liebe werden.

Frage: *In welchen Bereichen ist es dir möglich, in welchen fällt es dir schwer, deine animalischen Seiten zu zeigen?*

Anregung: *Wenn du das nächste Mal mit deinem Partner nahe zusammen bist, erzähle ihm alles über deine erotischen Phantasien, deine sexuellen Wünsche. Sprich all das aus, was du bislang nicht wagtest zu wünschen. Dann laß dir auch von deinem Partner erzählen ...*

Affirmation: *Indem ich meine Lust annehme und ihr bewußt Ausdruck gebe, werde ich ganz und vollständig.*

XII. Der Gehängte (The Hanged Man)

Stichworte: *Festgefahrene Beziehung; Erstarrung; Hilflosigkeit; Hingabe; Loslassen.*

Deine Beziehung befindet sich in einer Sackgasse. Der Austausch eurer Gefühle ist erstarrt. Dein Bemühen, eure Liebe neu zu beleben, läßt dich eure Festgefahrenheit umso schmerzhafter erkennen. Das, was einst eine Quelle von Freude, Lust und Inspiration war, ist jetzt eingefroren. Verbittert versuchst du, deinen Standpunkt zu verteidigen, um doch immer wieder festzustellen, daß der andere dich einfach nicht versteht. Ihr beharrt auf euren Positionen und seid nicht bereit, auch nur ein Stück davon abzuweichen.

Was also bleibt dir zu tun übrig, um diese festgefahrene Situation zu überwinden? Du mußt zunächst erkennen, daß du hilflos bist. Jede Form von Abwehr und Kampf reißt dich nur noch tiefer hinab, so wie der Versinkende im Moor seinen Untergang beschleunigt, je heftiger er zappelt.

Die Hilflosigkeit, mit der du jetzt konfrontiert wirst, ist existentieller Natur, d. h., du begegnest in ihr einem Grundaspekt deines menschlichen Daseins. Du bist absolut hilflos auf diese Welt gekommen und warst Monate und Jahre von der umsorgenden Liebe deiner Eltern abhängig. Später dann hast du versucht, ein Gefühl von Unabhängigkeit zu entwickeln. Du hast zahlreiche Strategien erfunden und erprobt, um dich selbst zu behaupten. Siehst du dich jetzt jedoch aus höherer Perspektive, so bist du immer noch ein winzig kleiner Teil – eingebunden im unermeßlich großen, kosmischen Geschehen. Du erkennst in Demut, daß ein grundlegender Aspekt deines Daseins in der Abhängigkeit vom Ganzen besteht.

Diese Karte macht dich darauf aufmerksam, daß du jetzt diesen Erfahrungen von existentieller Hilflosigkeit begegnen kannst. Sie anzunehmen hat nichts zu tun mit irgendeiner Art trotziger Resignation. Ebenso ist das Spiel des einsamen, unverstandenen Helden, der sich tapfer mit der rauhen Realität abfindet, nicht das, was diese Situation von dir erwartet.

Um deine ursprüngliche Hilflosigkeit anzunehmen, brauchst du dich weder klein zu machen, noch dich selbst zu verurteilen. Es geht vielmehr um ein Innehalten, um ein Annehmen der inneren und äußeren Situation, so wie sie dir jetzt gegenübertritt. Erst wenn du bereit bist, dich zu öffnen für das, was ist – gleichgültig, ob es dir gefällt oder nicht, ob du es verstehst oder nicht –, erst dann wirst du dich und deinen Partner verstehen und annehmen können. In dieser Hingabe verzichtest du darauf, die Situation oder deine Beziehung verändern zu wollen. Laß einmal alles ruhen, laß die Welt sich eine Weile ohne dich drehen . . . , du wirst sehen, daß das Leben sich ganz von selbst und ohne deine Einmischung auf wunderbare Weise entwickelt. Du kannst gerade jetzt nichts anderes tun, als dich dem Willen des Ganzen unterzuordnen und anzuvertrauen.

Eine tiefe Erfahrung von Geborgenheit und Eingebundensein kann aus dem Zulassen deiner Hilflosigkeit erwachsen.

Frage: *In welchen Bereichen deiner Beziehung erlebst du zur Zeit eine Stagnation oder Erstarrung?*

Anregung: *Gewähre deinem Partner und dir für eine Weile einen gewissen Abstand voneinander. Benutze diese Zeit, um innerlich loszulassen und in aller Ruhe deine Situation in eurer Beziehung zu klären.*

Affirmation: *Ich lasse los und vertraue mich und meine Beziehung dem Willen des Ganzen an.*

XIII. Tod (Death)

Stichworte: *Trennung; intensive Veränderungen in der Beziehung; Tod des Egos; Hingabe; Neuwerdung; Neugeburt; Erfahrung der Transzendenz.*

Der Tod kann unterschiedliche Bedeutungen haben, die jetzt für dich in deiner Beziehung Aktualität besitzen. Der radikalste Aspekt dieser Karte weist auf vorübergehende oder endgültige Trennung von deinem Partner hin. Steht eine solche Trennung für euch an, so wird sie, sofern ihr euch nicht bewußt und selbstverantwortlich dafür entscheidet, durch äußere Ereignisse im Leben eines oder beider Partner hervorgerufen. Die äußeren Umstände – z.B. Beruf, Ausbildung, Reisen u.a. – erfordern eine räumliche Distanz, keiner von euch weiß mit Sicherheit, wie es weitergehen wird. Oder es besteht die Möglichkeit, daß du oder dein Partner einem anderen Menschen begegnet und ihr euch neu verliebt. In sehr seltenen Fällen kann diese Karte sogar auf die Trennung durch physischen Tod eines Partners hinweisen.

Zeiten des Abschieds sind immer besonders intensive Lebensphasen. Wenn du im Bewußtsein des Todes lebst, nimmst du nichts mehr als selbstverständlich hin. Die Tage und Stunden mit deinem Geliebten werden zu Kostbarkeiten. Du legst jetzt die ganze Ewigkeit in diesen Moment.

Die Mystiker aller Zeiten und Schulen fordern dazu auf, das Leben stets mit dem Bewußtsein des Todes zu verbinden. Dies ermöglicht ungeheure Intensität und Wachheit im gegenwärtigen Augenblick. Du dringst vielleicht zu neuen Tiefen im Erleben deines Inneren vor. Gerade in Todesnähe kann sich dir die Fülle des ewigen Lebens offenbaren. Nutze also die Zeit, die dir geschenkt ist, mit diesem Partner zusammenzusein. Versuche nicht, dich gegen den Strom zu stemmen. Indem du dich mitreißen läßt, wirst du – bei gleichzeitiger Wachheit – erfahren, daß wirkliche Hingabe nicht Selbstaufgabe bedeutet, sondern ein Akt innerer Kraft ist, der dich über deine bisherigen Begrenzungen hinausführt.

Tod bedeutet nicht das Ende des Lebens. Tod ist vielmehr ein Durchgang, eine Passage zu neuem Leben, zu anderen und weiteren Dimensionen der Erfahrung; er ist die Krone und Erfüllung dessen, was du bislang in deinem Leben erahntest.

So wie du in Todesnähe das Leben neu erfahren kannst, so ist es auch möglich, daß du im totalen Leben, im reißenden Strom deiner leidenschaftlichen Liebe die Dimensionen des Todes finden kannst. Tatsächlich sind Liebe und Tod sehr nahe beieinander. In tiefster Liebe überwindest du die Angst vor dem Tod. Nur wer diese Erfahrung kennt, weiß, was Liebe ist. Dies ist der andere Aspekt dieser Karte. Deine Liebe zu Deinem Partner kann so tief und so stark sein, daß durch die Hingabe an diese Liebe etwas in dir stirbt. Du bist nicht mehr der Mensch, der du vor dieser Erfahrung warst. Die totale Hingabe an deine Liebe (und nur an Liebe ist Hingabe möglich) läßt dich Transzendenz erfahren. Dein Ego, d. h. die Illusion des Getrenntseins von dir und dem anderen, löst sich auf. Die Oberfläche, die du für deine Identität hieltest, stirbt. Der Phönix erhebt sich aus der Asche.

Diese Erfahrung läßt sich nicht wirklich beschreiben, weil sie die alte Welt der Begrifflichkeiten übersteigt. Sehr selten ist ein solcher ekstatischer Schritt gleichzeitig und gemeinsam mit deinem Partner möglich. Zuerst sind wir damit allein, bzw. unser Alleingelassenwerden löst diesen Prozeß aus. Teile diese Erfahrungen nur mit solchen Menschen, bei denen du sicher sein kannst, daß sie dich verstehen.

Auf dem Weg zur großen Todeserfahrung als Duchgang zu sogenannten Seinsfühlungen oder Gipfelerlebnissen mögen viele kleine Tode stehen. Der Orgasmus als Gipfel der sexuellen Vereinigung wird in einigen Sprachen »Der kleine Tod« genannt. Alle Begegnungen und Erlebnisse besonderer Intensität bieten die Möglichkeit, loszulassen, sich hinzugeben, zu sterben, um wieder neu geboren zu werden.

Frage: *Welche der oben angeführten zwei Hauptaspekte – Trennung oder Todeserfahrung in intensiver Vereinigung – sind für deine Beziehung aktuell?*

Anregung: *Meditiere über den Ausspruch der Sufis: »Stirb, bevor du stirbst!«*

Affirmation: *Ich bin bereit, freudig zu sterben, um neu geboren zu werden.*

XIV. Kunst (Art)

Stichworte: *Transformation; Verwandlung, Entwicklung, Ausdehnung; Kreativität; Zusammenfließen von Gegensätzen; kosmische Liebe; Stille.*

Es ist beim Meditieren möglich und beim Spazierengehen, es kann sich ereignen, wenn du allein bist oder während du in einem Kreis von Menschen sitzt; am leichtesten aber geschieht es, wenn du eins wirst mit einem Menschen, den du liebst: Dann kannst du Momente erleben, in denen du dich angenommen fühlst, Momente, in denen sich deine Sehnsucht erfüllt, Momente, in denen sich Stille in dir ausbreitet.

Die Karte »Kunst« weist darauf hin, daß solche Momente in deiner Beziehung möglich sind. Indem du deinem Partner nahe bist, verwandelt sich dein Sein. Die Begegnung eurer Energien setzt einen Prozeß innerer Alchemie in Gang und läßt Transformation geschehen. Ihr könnt eure Wahrnehmung ausdehnen auf Bereiche, von denen viele Menschen nicht einmal ahnen, daß es sie gibt.

Falls ihr merkt, wie alte Muster der inneren Verwandlung im Wege stehen, so ist es jetzt möglich, mühelos darüber hinauszugehen. Es ist nicht mehr erforderlich, all eure möglichen Schwächen und Fehler zu analysieren, sondern ihr könnt sie einfach zurücklassen. Ihr müßt euch nicht an euren Gegensätzlichkeiten aufreiben – laßt sie einfach zusammenfließen und Neues daraus entstehen. Euer Miteinander ist wie ein alchemistischer Schmelztiegel, in dessen Hitze sich alles »Störende« auflöst und verwandelt. Die Reife eurer Liebe offenbart und entwickelt sich in der Anerkennung der scheinbar unvereinbaren Widersprüche, im Spannungsfeld der gegensätzlichen Polaritäten jedes Einzelnen, in eurer Beziehung zueinander und in der Außenwelt.

Wer diese Karte für eine Beziehung zu einem geliebten Menschen zieht, kann sich freuen über das Geschenk dieser segensreichen Beziehung. Es ist ein Glücksfall, daß ihr beide zueinander gefunden habt! Wenn ihr mit eurer Liebe bewußt umgeht, könnt ihr euch gegenseitig zu Schritten in eurer Beziehung verhelfen, auf die ihr alleine wahrscheinlich noch Jahre gewartet hättet.

Eure Beziehung ist ein Ereignis, aus dem etwas entstehen kann, das größer ist, als ihr selbst; etwas, von dem nicht nur ihr beide profitiert. Die Ausstrahlung, die durch eure eigene Verwandlung entsteht, empfängt auch eure Umgebung, in gewisser Weise sogar das gesamte Universum.

Frage: *Worin erkennst du das essentiell Verbindende in der Beziehung zu deinem Partner?*

Anregung: *Wähle zusammen mit deinem Partner eine Meditationstechnik, die ihr regelmäßig gemeinsam praktiziert.*

Affirmation: *Ich entdecke das Wesentliche in meiner Beziehung und bin bereit, das oberflächlich Störende fallenzulassen.*

XV. Der Teufel (The Devil)

Stichworte: *Macht- und Abhängigkeitsstrukturen; karmische Bindungen; gegenseitige Einschränkung; materielle Abhängigkeit; sexuelle und emotionale Hörigkeit; Machtmißbrauch; Dualität.*

Der Teufel gehört an vorderster Stelle zu jenen Tarotkarten, deren Bedeutung ich erst in der praktischen Arbeit mit Beziehungsklärungen tiefer kennenlernte. Ich will deshalb hier die Beschreibung aus meinem Handbuch »Tarot – Spiegel der Seele« noch um einige wichtige Punkte ergänzen.

Der Teufel ist dem Sternzeichen Steinbock zugeordnet, dem Prinzip äußerster Kristallisation und Materialisation – also dem Festen, Erdigen, Greifbaren. Die Versuchungen, mit denen der Teufel uns prüft, können wir täglich beobachten: Die Menschen verlieren sich im Materiellen und vergessen darüber die Verbindung zum wahren Ursprung ihres Seins, der in feinstofflichen Bereichen angesiedelt ist. Indem er uns mit dem Materiellen »verführt« und die Dualität von Gut und Böse ins Spiel bringt, zeigt uns der Teufel aber auch den Weg zu unserer Selbstfindung.

Dies sei an einem Beispiel verdeutlicht: Ein Fisch im Wasser kann sich seines Elementes erst bewußt werden, wenn er herausgeholt wird, wenn er hilflos an Land zappelt und den Hauch des Todes spürt. Wie der Fisch im Wasser leben wir alle im kosmischen Ozean. Dann werden wir herausgeworfen auf die Erde, wo wir – oftmals sehr schmerzlich und leidvoll – unsere Getrenntheit erfahren. Erst jetzt aber wissen wir, daß es auch einen Ozean gibt: Wenn wir lange genug herumgeirrt sind, werden wir nach dem Weg suchen, der uns zurückführt. Unser Leben auf der Erde – das große Experiment der Dualität – ist ein kosmisches Spiel der Bewußtwerdung, in dem der Teufel eine Hauptrolle übernommen hat.

Damit keine Mißverständnisse aufkommen: Diese Karte

sagt nicht, daß das Materielle »verteufelt« werden soll. Der Weg zu unserer Essenz führt vielmehr direkt durch das Materielle hindurch. Ohne Auseinandersetzung mit der Materie ist spirituelles Wachstum nicht möglich. Dein innerer Reichtum kann sich nur entfalten, wenn er im Äußeren seine Entsprechung findet. Erst durch ein uneingeschränktes »Ja« zum irdischen Dasein ist Transzendenz möglich.

Ziehst du den Teufel im Zusammenhang mit einer zwischenmenschlichen Beziehung, so ist dies ein Hinweis auf offene oder subtile Macht – und Abhängigkeitsstrukturen. Selten sind solche dunklen Bindungen nur vorübergehend. Meist ist es notwendig, unverarbeitete karmische Bereiche ans Licht zu befördern und sich davon zu befreien. Karmische Bindungen sind ungelöste schuldhafte Verwicklungen, die aus früheren Leben stammen und in der aktuellen Beziehung nach Bereinigung und Auflösung streben.

Diese Karte erscheint keineswegs überwiegend in aktuellen Mann-Frau-Beziehungen. Häufig wird sie gezogen, wenn es um unverarbeitete und ungelöste Bindungen zu wichtigen Lebenspartnern geht, von denen man räumlich und zeitlich längst getrennt ist. Auch im Zusammenhang mit problematischen Eltern-Kind-Verhältnissen spielt diese Karte eine wichtige Rolle. Mitunter ist einer der Partner bereits physisch gestorben. Auch in solchen Fällen sind unaufgelöste Bindungen oft bedrückend spürbar.

Ziehst du diese Karte für die Wirklichkeit einer aktuellen Beziehung, so ist vor allem eines wichtig: Finde mit deinem Partner heraus, in welchen Bereichen ihr euch miteinander unfrei, zwanghaft und gequält erlebt. Ihr müßt euch darüber klar werden, daß keiner von euch sein tatsächliches Potential entwickeln kann, solange große Mengen eurer Energie an den anderen gebunden bleiben.

Ganz allgemein zeigt der Teufel das bewußte oder unbewußte Bedürfnis, den Partner von sich abhängig zu machen oder umgekehrt – in der Regel ebenso unbewußt –, den eigenen Wunsch nach Abhängigkeit, Bindung und Unfreiheit.

Diese Unfreiheit in Paarbeziehungen betrifft meist einen oder mehrere der folgenden drei Bereiche:

1. Besitz und Materielles
2. Sexualität
3. Streben nach Geltung und Macht

Zu 1. Materielle Abhängigkeit ist vorhanden, wenn der gemeinsame Besitz und allgemein die ökonomischen und finanziellen Verhältnisse benutzt werden, den Partner an sich zu binden bzw. ihn durch Forderungen zu erpressen. Dieser Konflikt kann die unterschiedlichsten Bereiche betreffen, wie z. B. die gemeinsame Haushaltskasse, die Kinder, das Geschäft oder das Haus. Unter dem Deckmantel von Großzügigkeit kann sich der Wunsch nach Versklavung des anderen verbergen. Ebenso ist die Demonstration von Leiden, Schwäche und Hilflosigkeit allzuoft nur ein erpresserisches Spiel mit der Gutgläubigkeit und dem schlechten Gewissen des Partners. Wer den Teufel für seine Beziehung zieht, sollte diese Bereiche kritisch überprüfen.

Zu 2. Sexuelle oder auch emotionale Hörigkeit ist heute in Mann-Frau-Beziehungen so geläufig, daß wir uns daran gewöhnt haben, dies für das Normale zu halten. Nicht nur Eheleute, sondern auch Paare in nichtehelichen Beziehungen erwarten von ihrem Partner, daß er ausschließlich für sie zur Verfügung steht. Sobald sie erfahren, daß er sich auch für andere sexuell interessiert, reagieren sie mit rasender Eifersucht. Ihr Selbstwertgefühl, ja ihre ganze Identität kommt ins Wanken. Aus der eigenen Mitte geworfen, versuchen sie, den verlorengeglaubten Partner zurückzugewinnen durch Selbsterniedrigung und Unterwerfung oder durch Rückzug, Liebesentzug und Erpressung.

Die Mechanismen emotionaler und sexueller Abhängigkeit sind ungeheuer komplex und vielschichtig. Der Teufel steht in diesem Bereich immer für krankhafte Eifersucht, sexuelle Macht und Unterdrückung, übersteigerte Triebhaftigkeit, das Fehlen von Vertrauen, Offenheit und Freiheit.

Zu 3. Der Bereich des Strebens nach Geltung und Macht ist eng mit den ersten beiden Bereichen verknüpft. Der Schwerpunkt liegt hier im Streben nach Macht, mit dem Ziel, Einfluß und Kontrolle zu gewinnen, um andere Menschen zu beherrschen. Die Beziehung zum Partner dient z. B. der persönlichen Karriere. Dieser wird aufgrund seiner Stärke und seiner gesellschaftlichen Position als Prestigeobjekt oder Aushängeschild benutzt.

Umgekehrt kann das Zusammensein mit einem unterlegenen Partner die eigene Machtposition unterstreichen. In diesem Falle besteht das Bedürfnis, sich mit abhängigen Menschen zu umgeben. Dahinter steht meist die Unfähigkeit, in gleichberechtigten Beziehungen zu leben. Gesteigertes Machtstreben dient vielleicht dazu, die eigene Schwäche und Impotenz zu verdecken.

Zum Verständnis von allen Formen der Macht und Abhängigkeit ist es wichtig zu erkennen, daß »Täter« und »Opfer« lediglich zwei Aspekte derselben Energiedynamik darstellen. Der Mensch in der Rolle des Opfers sucht so lange nach seiner Ergänzung im Täter (und umgekehrt), bis er sie im »idealen« Partner gefunden hat. Betrachten wir eine solche Beziehungsdynamik aus der Perspektive von Ausstrahlung und Anziehung, so ist leicht ersichtlich, wie die Energien der Partner sich gegenseitig brauchen, um in der Auseinandersetzung zu lernen und durch Bewußtwerdung frei zu werden. Die Frage von Schuldzuweisung wird damit gegenstandslos.

Wer sich in einer Beziehungsabhängigkeit befindet, die der Energie des Teufels entspricht, muß zuerst Verantwortung für seine eigene Situation übernehmen. Nur in der vorbehaltlosen Anerkennung der eigenen Realität ist ein tiefes Verständnis der Problematik und deren Überwindung möglich.

Frage: *In welchen der oben genannten Bereichen siehst du dich mit deinem Partner verwickelt?*

Anregung: *Sprich mit einem vertrauten Menschen über die Situation in deiner Beziehung. Suche einen qualifizierten Therapeuten auf, wenn möglich auch zusammen mit deinem Partner. Die Hilfe eines Experten, der diese Arbeit der Befreiung an sich selbst erfahren hat, ermöglicht es euch, das verborgene Potential* *eurer Problematik ans Licht zu bringen und für euch nutzbar zu machen.*

Affirmation: *Ich erkenne meine Freiheit und entscheide mich für ein Leben im Licht.*

XVI. Der Turm (The Tower)

Stichworte: *Zerstörung von erstarrten Ego- und Beziehungsstrukturen; Reinigung; Läuterung; Wandlung; Heilung, Transformation; Erneuerung; Erkenntnis, neue Klarheit.*

In deiner Beziehung stehen dramatische innere Wandlungen an, die sich mit fühlbarer Intensität ankündigen. Es ist jetzt unmöglich, in der alten Weise an erstarrten Strukturen festzuhalten. Wenn du nicht bereit bist, von deinen festgefahrenen Erwartungen, Ansprüchen und Verhaltensweisen abzulassen, werden äußere Ereignisse dich dazu zwingen. Vorbei sind die Zeiten, in denen du selbstherrlich dem Leben oder deinem Partner deine Forderungen aufdrängen konntest. Es geht jetzt nicht mehr darum, um jeden Preis deine eigenen Wünsche und Ziele durchzusetzen! Du bist zur radikalen Neuorientierung aufgefordert und solltest in Offenheit und Demut herausfinden, in welche Richtung dich die Existenz – mit oder ohne deinen Partner – führen will. Hältst du jetzt an egoistischen Positionen und Machtansprüchen fest, so verursachst du nur Leiden und Schmerz für dich und deinen Partner.

Gleichzeitig deutet der Turm auf eine großartige Gelegenheit hin, alte, längst überfällige Strukturen mühelos aufzugeben und in sich selber verschwinden zu lassen. Die Zeit ist reif und die jetzigen Umstände helfen dir dabei, all jene Bereiche zu erkennen, die zwischen dir und deinem Partner nicht mehr deiner inneren Wirklichkeit entsprechen. Ein tiefgreifender, alle Lebensbereiche betreffender Transformationsprozeß bahnt sich an.

Du befindest dich in einer Phase, in der du ehrliche und offene Auseinandersetzungen nicht vermeiden solltest. Selbst wenn vieles, was bisher zu deinem Image gehörte, auf der Strecke bleibt, dient das, was du scheinbar verlierst, nur der Befreiung deines wahren Selbst. Was immer in deinem Leben bzw. in deiner Partnerschaft in Einklang mit dem Willen des Ganzen ist, kann von den Stürmen des Lebens nicht zerstört werden. Es geht vielmehr um eine notwendige Reinigung, Läuterung und Heilung all dessen, was deinem innersten Wesen entspricht. Je bereitwilliger du diese Wandlung zuläßt, desto früher wirst du ihre tiefere Bedeutung erkennnen. Mische dich also nicht ein und vertraue der weisen Führung deines »Höheren Selbst«.

Nach dieser Phase von Verwirrung und Chaos wirst du deine innere und äußere Realität klarer sehen und verstehen. Sei deinem Partner dankbar, daß er da ist und diese wichtige Funktion für deine Transformation übernimmt. Indem du volle Verantwortung für deinen Prozeß trägst, wirst du auch für deinen Partner eine entscheidende Wachstums- und Bewußtwerdungshilfe sein. Wenn du diese Karte gezogen hast, solltest du – und nicht dein Partner – den ersten Schritt tun.

Frage: *Welche Beziehungsbereiche sind erstarrt und haben sich überlebt?*

Anregung: *Bitte deinen Partner, dir offen und ehrlich alles zu sagen, was für ihn im Zusammensein mit dir bislang unbefriedigend geblieben ist. Höre ihm zu, ohne abzuwehren, und laß zu, daß das Mitgeteilte dich berührt und erschüttert. Sprich dann über deine eigene Betroffenheit.*

Affirmation: *Ich lasse los. Ich lasse zu.*

XVII. Der Stern (The Star)

Stichworte: *Kosmische Erfahrungen, Inspiration; Transparenz, Freiheit, Weite, Leichtigkeit; Visionen; gemeinsame Aufgaben; Ausstrahlung.*

Wenn es jetzt einen Menschen in deinem Leben gibt, mit dem du deine Liebe teilen kannst, so laß dieses Zusammensein eine Zeit der Erfüllung und der Segnung werden. Eure Liebe sollte euch für kosmische Erfahrungen öffnen.

Ganz gleich, wer oder was jetzt dein Herz berührt, ein Mensch, eine kreative Tätigkeit, Naturerlebnisse oder Reisen – du wirst die Begegnungen als göttliche Geschenke, als kosmische Fingerzeige wahrnehmen können. Du fühlst dich geführt und bereichert, im Einklang mit der universellen Intelligenz.

Der Partner, dem du jetzt nahestehst oder dem du begegnest, kann dir neue Dimensionen des Lebens eröffnen. Er lehrt dich, mit neuen Augen zu sehen. Euer Zusammensein gewährt dir Einblicke in Seinsbereiche jenseits deiner bisherigen Grenzen. Du selbst erlebst dich durchlässiger für kosmische Eingebungen. Die Erfahrungen, die mit deinem Geliebten möglich werden, haben die Qualität von Freiheit, Weite und Leichtigkeit.

Eure gemeinsamen Visionen haben Kraft und streben danach, Wirklichkeit zu werden. Achtet jedoch sorgsam darauf, die Gesetze der Erde miteinzubeziehen. Dies ist eine notwendige Voraussetzung, wenn sich eure Eingebungen kristallisieren und zu sichtbaren Manifestationen entwickeln sollen.

Als Karte für eine bestehende Paarbeziehung weist der Stern sehr oft auf eine gemeinsame Aufgabe hin. Es geht darum, sich für Möglichkeiten zu öffnen, dienend den Weg der eigenen Bewußtwerdung mit anderen zu teilen. Niemals sollten die Geschenke des inneren Wachstums dazu führen, euch von anderen Menschen zu isolieren. Laßt diejenigen, die ebenfalls danach suchen, teilhaben – sofern sie bereit sind, von euch zu empfangen. Hütet euch jedoch vor jedem Versuch zu überzeugen oder gar zu missionieren. Eure Ausstrahlung wird jene Menschen erreichen, die dafür offen sind und die das, was ihr zu geben habt, auch tatsächlich brauchen. Ihr seid dann nichts anderes als Kanäle für die Inspirationen des Universums.

Die kosmischen Bereiche, mit denen ihr jetzt in Kontakt seid, sind größer als euer Ego. Gebt euch ihnen ganz hin, ohne euch damit zu identifizieren oder daran festzuhalten. Jeder Stern sendet dem anderen sein Licht, ohne etwas zu tun, und jeder empfängt das Licht der anderen, um in deren Schein zu erstrahlen. Ihr könnt Sterne sein, die einander – und auch anderen Menschen – den Weg erhellen.

Frage: *Worin bestehen die kosmischen Geschenke im Zusammensein mit deinem Partner?*

Anregung: *Gebt euch regelmäßig Zeiten der Stille, der Besinnung und der Meditation. Besucht Veranstaltungen oder begebt euch in Situationen oder an Orte, die euch inspirieren.*

Affirmation: *Gemeinsam verwirklichen wir unsere kosmischen Eingebungen.*

XVIII. Der Mond (The Moon)

Stichworte: *Auseinandersetzung mit Schattenbereichen; harte Prüfungen; Möglichkeit der Befreiung von karmischen Verstrickungen; Transformation; aus dem Dunkel ins Licht.*

Im Unterbewußtsein hast du es vielleicht schon immer gespürt. An deinem Partner gibt es etwas, das dich sehr anzieht und dir gleichzeitig angst macht. Mit diesem »Etwas« solltet ihr euch jetzt näher beschäftigen.

Eure Beziehung befindet sich in einer kritischen Phase, einer

Zeit schwerer Prüfungen. Es geht für dich und deinen Partner darum, euch mit Schattenbereichen auseinanderzusetzen, die ihr wahrscheinlich lange verdrängt habt. Vielleicht kommen karmische Belastungen durch aktuelle Geschehnisse an die Oberfläche. Ihr solltet nicht länger ausweichen.

Die meisten Partner deiner wichtigen Beziehungen kennst du bereits aus früheren Leben. In diesen Fällen erreicht eure Verbindung sehr schnell eine gewisse Tiefe, andererseits seid ihr aber auch »vorbelastet« – und einige wichtige Aspekte eures Zusammenseins bestehen darin, alte karmische Schuld zu begleichen. Wenn also dein Partner dich verletzt, so erlebst du möglicherweise den gleichen Schmerz, den du ihm in einer früheren Existenz zugefügt hast. Dieses Spiel der Rache und der gegenseitigen Verletzung muß jedoch nicht endlos fortgesetzt werden.

Um unverarbeitetes Karma abzuschließen, bedarf es persönlicher Kraft und Klarheit. Wir erreichen diese zum einen durch Meditation und zum anderen durch gezielte therapeutische Arbeit.

Diese Karte zeigt dir die Möglichkeit, zusammen mit deinem Partner einen entscheidenden Sprung zu machen zu mehr Erkenntnis und Bewußtheit. Wenn ihr wirklich bereit seid, eure Schattenbereiche kennenzulernen und gemeinsam zu durchschreiten, wird sich jede Mühe lohnen. Eure Beziehung wird einen tiefgreifenden Wandlungsprozeß durchlaufen. Indem ihr euch von Karma befreit, kommt ihr eurer individuellen Erfüllung ein wesentliches Stück näher. Wir leben in einer Zeit, in der es möglich ist, den Ballast von Jahrhunderten abzuwerfen – um frei zu sein für den großen Schritt ins neue Zeitalter.

Der Mond stellt eine letzte Hürde dar, die es zu überwinden gilt. In seiner Erzählung »Vor dem Gesetz« beschreibt Franz Kafka einen Mann, der sein Leben lang darauf wartet, von einem Türhüter durch ein offenstehendes Tor gelassen zu werden. Der Mann sitzt Tage und Jahre, er fleht und flucht, droht und jammert, aber der Eintritt in das Gesetz bleibt ihm verwehrt. Erst, als er schon im Sterben liegt, beugt sich der

Türhüter zu ihm herab und brüllt: »Dieser Eingang war nur für dich bestimmt. Ich gehe jetzt und schließe ihn.« Diese Karte fordert euch auf: Hört nicht auf euren Türhüter – sondern durchschreitet das enge, bewachte Tor ins Unbekannte!

Frage: *Welches sind die Schattenbereiche in deiner Beziehung?*

Anregung: *Meditiere regelmäßig, wenn möglich auch mit deinem Partner. Achtet dabei auf die Qualität eurer Gedanken und Bilder und tauscht euch darüber aus. Befaßt euch mit euren nächtlichen Träumen. Sucht gegebenenfalls therapeutische Unterstützung.*

Affirmation: *Im Durchschreiten der Dunkelheit gelange ich zum Licht.*

XIX. Die Sonne (The Sun)

Stichworte: *Hohe kreative Energie; Befreiung; Transformation; Offenheit; Unschuld; Lebensfreude; Ekstase; Erkenntnis; Weisheit; Spiritualität; reife Liebe.*

Die Sonne als höchste Energiekarte in diesem Tarot gehört auch für die Realität einer Beziehung zu den stärksten und schönsten Bildern. Es ist Zeit zur Freude und zum Feiern! Du kannst dich mit deinem Partner freuen und seine Gegenwart voll und ganz genießen.

Die zwei nackten, tanzenden Kinder auf dem Berg der Kreativität weisen auf eine Partnerschaft hin, die befreit ist von Zwängen jedweder Art. Die gewonnene Freiheit äußert sich in ekstatischer Freude und Begeisterung. Alle Energien stehen nun uneingeschränkt der gemeinsamen Kreativität zur Verfügung; sie werden nicht mehr in Kämpfen um Dominanz, Eifersucht oder Abgrenzung vergeudet.

In eurer Beziehung ist jetzt eine befreiende Öffnung möglich. Ein tiefgreifender alchemistischer Verwandlungsprozeß bahnt sich an. Seid ihr beide dafür empfänglich, kann in eurem Miteinander die Sonne aufgehen und im ungetrübten Licht erstrahlen.

Die Sonne repräsentiert höchste Bewußtheit, Weisheit, Erleuchtung und göttliche Liebe. Als Mittelpunkt unseres Planetensystems besitzt sie starke zentrierende Eigenschaften. Sie ist höchste Repräsentanz des Elementes Feuer und verkörpert dessen Qualitäten der Wärme, des Lichts, der Kreativität, der Läuterung und Transformation.

Alle Türen für eine erfüllte Liebesbeziehung mit deinem Partner stehen jetzt offen. Die wichtigsten Merkmale einer von der Sonne durchstrahlten Partnerschaft sind Kreativität und Lebensfreude! Bestehende Schwierigkeiten oder Konflikte können ins rechte Licht gerückt werden und verlieren ihre Schwere und bittere Ernsthaftigkeit. Eure Liebe wird leicht, spielerisch und humorvoll und gewährt jedem von euch ein Höchstmaß an Freiheit.

Das Licht der Sonne ist eine verwandelnde Kraft, die sehr leicht alte einschränkende Strukturen auflöst, so wie die wiederkehrende Wärme des Frühlings das Land nach jedem Winter von Schnee und Eis befreit. Sie beseitigt die erstarrten Formen des Miteinanders und läßt das Wasser der Gefühle erneut strömen.

Seid also gegebenenfalls bereit, längst überholte Strukturen eurer Zweisamkeit hinter euch zu lassen. Fangt noch einmal ganz von vorne an und lernt von der Weisheit und Unschuld der Kinder. Nur wenn ihr beide gleichzeitig zu dieser tiefgreifenden Transformation eurer Beziehung bereit seid, könnt ihr das Fest dieser ekstatischen Befreiung miteinander feiern und genießen. Sollte einer der Partner hartnäckig und unnachgiebig an den alten unbewußten Beziehungsmustern festhalten, so ist die Energie der Sonne sehr wohl in der Lage, die Beziehung zu beenden, sobald dies den tiefen Bedürfnissen nach Befreiung eines Partners entspricht. Diese Kraft wird alles Falsche, Verlogene und Unechte aus dem Verborgenen ans Licht bringen, so daß beide Beteiligten sich der Wirklichkeit stellen und eine Entscheidung treffen müssen.

Die Sonne ist die Macht der Liebe, die alles offenbart, was ihr wesensfremd ist. Nur ein reines Herz mit der offenen und verletzlichen Unschuld des Kindes kann vor dieser alles durchdringenden Wirklichkeit bestehen.

Frage: *Gibt es noch dunkle Bereiche in deiner Beziehung? In welche dieser Bereiche bist du jetzt bereit, Licht zu bringen?*

Anregung: *Nimm dir Zeit, dich mit deinem Partner in einer liebevollen und offenen Atmosphäre über eure Beziehung auszutauschen. Teilt euch mit, welche unfreien Bereiche es in eurem Miteinander gibt und achtet ganz besonders darauf, dem anderen geduldig zuzuhören, wenn dieser von sich spricht. Wenn ihr wirklich offen miteinander seid, werdet ihr selbst das Ansprechen von schmerzhaften und angstbesetzten Bereichen als befreiend erleben. Bringt Licht in die dunklen Ecken eurer Beziehung und findet dann heraus, wie ihr euer Miteinander feiern wollt.*

Affirmation: *In meiner Offenheit und Verletzlichkeit liegt die Kraft, die alles erneuert.*

XX. Das Aeon (The Aeon)

Stichworte: *Fallenlassen von Urteilen; Akzeptanz durch erweiterte Wahrnehmung; Erkenntnis der großen Zusammenhänge; Hingabe an die kosmische Liebe; Einfühlsamkeit; Weisheit; Ehrlichkeit; Vertrauen in den göttlichen Plan.*

So geheimnisvoll wie diese Karte ist auch eure Beziehung. Ihr könnt sie betrachten wie staunende Kinder oder auch wie wissende Eingeweihte. Dringt immer weiter in dieses Geheimnis vor!

Wer diese Karte zieht, befindet sich in einer Phase, in der es möglich ist, das Mysterium seiner Partnerschaft tiefer zu ergründen. Die aktuellen und vergangenen – vielleicht schicksalhaften – Ereignisse können jetzt von einer höheren Warte aus betrachtet werden, und die Ahnungen für die Zukunft verdichten sich zur Gewißheit. Du kannst euer Miteinander in neuem Licht wahrnehmen und entwickelst ein Verständis für jene Kräfte, die euch zusammengeführt haben.

Vielleicht stehst du vor Rätseln. Doch indem du still bist und wahrnimmst, eröffnet der Spiegel deines sich weitenden Bewußtseins neue Dimensionen der inneren Erkenntnis und Weisheit. Die Ruhe der Gewißheit durchströmt dein Sein. Das Vertrauen in den Sinn aller sich wandelnden Erscheinungen verleiht dir die Fähigkeit zur Hingabe an dich und an die Realität deiner Beziehung. Es gibt nichts Besonderes zu tun, als diesen Augenblick der Gnade in Dankbarkeit anzunehmen und ihm Beachtung und Schutz zu gewähren.

Deine erweiterte Wahrnehmung zeigt dir die Möglichkeit, Urteile und Bewertungen fallenzulassen. Es gibt jetzt an deinem Partner nichts zu ändern oder zu kritisieren. In der tiefen Erkenntnis, daß alles so ist, wie es sein sollte, nimmst du dich selbst, deinen Partner und die Wirklichkeit eurer Verbindung bedingungslos an.

Wo die Bewertung aufhört, wird die Wahrnehmung umso klarer und tiefer. Diese Karte sagt nicht etwa, daß du die Schwächen und Fehler deines Partners ignorieren solltest. Im Gegenteil: Durch das Verstehen und die tiefe Annahme des anderen bist du in hohem Maße befähigt, ihm ohne falsche Rücksichtnahme deine Empfindungen mitzuteilen. Dies kann in einer Weise geschehen, die es dem Partner ermöglicht, deine Akzeptanz zu spüren und das Gesagte als Lernhilfe zur Bewußtwerdung anzunehmen.

Dieser Zustand von Erkenntnis hat zwei wichtige Begleitmerkmale. Zum einen fühlst du dich in solchen Momenten immer sehr ruhig und klar, niemals wütend, traurig oder ängstlich. Zum anderen wirst du stets den Bezug erkennen, den die Dinge, die du siehst, zu dir selber haben. Über den eigenen

Horizont hinauszublicken, bedeutet immer gleichzeitig, tief in sich selbst hineinzuschauen.

Das Fallenlassen von Urteilen und das Erweitern der eigenen Wahrnehmung sind zwei Meilensteine auf dem Weg zum Zentrum dieser Karte – zum Einklang mit der kosmischen Liebe. In nichts Geringerem besteht das Ziel eurer Beziehung. Es ist sehr wahrscheinlich, daß ihr den Geschmack dieser Liebe bereits kennt – sei es aus gemeinsamen Erfahrungen in früheren Leben, sei es aus besonderen Glücksmomenten in eurem jetzigen Zusammensein. Statt vom Verliebtsein in die Gewöhnung abzurutschen, habt ihr jetzt die Chance, im kosmischen Reigen mitzutanzen und die Verbundenheit mit allem, was ist, zu erfahren.

Frage: *Welches ist der »Rote Faden«, der die Beziehung zu deinem Partner geprägt hat und auch gegenwärtig bestimmt?*

Anregung: *Sprich mit deinem Partner über die Entstehungsgeschichte eurer Beziehung und deren Entwicklung bis zum heutigen Tag. Findet gemeinsam den Leitfaden, der sich durch alles zieht und die besondere Qualität eurer Verbindung ausmacht. Forscht auch gegebenenfalls, welche Begegnungen aus vergangenen Leben für euer jetziges Zusammensein bedeutsam sind.*

Affirmation: *Es ist alles so, wie es sein sollte.*

XXI. Das Universum (The Universe)

Stichworte: *Kosmische Liebe; Befreiung; Grenzenlosigkeit; Offenheit; All-Eins-Sein; Vollendung; Transformation; Neubeginn; Natürlichkeit; Unabhängigkeit; tiefes Vertrauen.*

Was kannst du noch mehr von einer Beziehung erwarten? Ob es dir bewußt ist oder nicht: Du findest bei deinem Partner zur

Zeit alles, was das Universum für dich bereithält. Es liegt an dir, wieviel du von diesem unermeßlichen Geschenk annehmen willst. Die Welt steht euch offen und lädt euch ein, mitzutanzen im kosmischen Reigen.

Diese Art von Befreiung, die ihr jetzt miteinander erlebt, geht weit über eure bisherigen Vorstellungen von Freiheit hinaus. Ihr seid fähig, eure alten Ängste loszulassen. »Angst« kommt aus dem selben Wortstamm wie »Enge«. Mit jeder losgelassenen Angst entsteht Weite, ein inneres Öffnen, ein neues »Ja«. Dieses »Ja« ist so umfassend, daß es auch bestehende Strukturen (Saturn) annimmt und transzendiert.

Nichts muß an deiner Umgebung, deiner Beziehung, deinem Partner verändert werden. Wenn du genau hinspürst, weißt du, daß alles exakt so ist, wie es sein sollte. Dieses Erkennen breitet sich wie eine innere Explosion in dir aus. Deine Bereitschaft zu lieben, trägt dich über die Begrenzungen der Vergangenheit hinaus.

Ein großer Lernzyklus in deiner Beziehung nähert sich seinem Abschluß. Die Vollendung ist gleichzeitig Neubeginn auf einer höheren Ebene des Seins. Du kommst dem letztendlichen Ziel einen entscheidenden Schritt näher – der Rückkehr zum Ursprung der kosmischen Einheit.

Du kannst jetzt erkennen, wie überflüssig es für dich geworden ist, dich zu tarnen, zu verkleiden, zu maskieren. Statt dessen bist du offen und voller Hingabe und lernst dadurch neue Bereiche bei dir selbst und deinem Geliebten kennen. Verbunden mit der ursprünglichen Natürlichkeit könnt ihr euch mitreißen lassen in den wirbelnden Tanz der fortwährenden Bewegung des Alls. Die Begrenzungen des kleinen Ichs werden durchlässiger. Die orgasmische Vereinigung mit dem Partner wird zur kosmischen Erfahrung.

Was immer du jetzt gemeinsam mit deinem Partner verwirklichen willst, wird von innerem und äußerem Erfolg begleitet sein – sofern es im Einklang mit dem Willen des Ganzen steht.

Frage: *Wie äußert sich deine Befreiung im Zusammensein mit deinem Partner?*

Anregung: *Wenn du mit deinem Partner etwas Besonderes in Angriff nehmen möchtest, so beginne jetzt damit, eure Pläne zu konkretisieren und das Geplante zu verwirklichen.*

Affirmation: *Ich bin jetzt offen für die große Erfüllung.*

B. Die Hofkarten

Ritter der Stäbe (Knight of Wands)

Stichworte: *Dynamisches Feuer; Reinigung, Läuterung; aggressives Potential als kreativer Ausdruck.*

Was immer jetzt in deiner Beziehung ansteht, gib deine ganze Kraft und Dynamik hinein! Das, was du anstrebst, verlangt deinen ganzen Einsatz. Du besitzt alle Kraft, die du brauchst, um einen für dich wichtigen Schritt in Angriff zu nehmen.

Negativität und behindernde Ängste müssen aus dem Weg geräumt werden. Das betrifft sowohl dein Inneres als auch die Beziehungsdynamik mit deinem Partner.

Wenn du diese Karte gezogen hast, bist du im tiefsten Innern motiviert und bereit, bestehende Schwierigkeiten zu beseitigen. Die reinigende Kraft des Feuers wird dir dabei helfen, all jene Bereiche zu erkennen und zu läutern, die als Hindernisse und Barrieren in deiner Beziehung den Weg zu echtem und befriedigendem Miteinander versperren.

Ziehst du als Mann diese Karte, so geht es jetzt um die Freisetzung deines männlichen Feuers. Gib deiner Energie totalen Ausdruck, sei es in deiner Sexualität oder in kreativen Tätigkeiten. Die Frauen, die dich wirklich lieben, werden die Befreiung deiner Energie zu schätzen wissen.

Ziehst du als Frau diese Karte, so zeigt sie, daß du vielleicht die oben angedeuteten Qualitäten bei deinem Partner suchst. Vergiß dabei nicht, daß das, was dich äußerlich anzieht bzw. was du im Äußeren vermißt, auf innere Qualitäten hinweist, die es auch für dich zu entwickeln gilt. Indem du mit deinem inneren Mann vertraut wirst, unterstützt du auch deine äußeren Partner dabei, ihre männlichen Qualitäten zu entfalten.

Frage: *In welchen Bereichen beobachtest du im Zusammensein mit deinem Partner falsche Rücksichtnahme? Welche Ängste liegen diesen Verhaltensweisen zugrunde?*

Anregung: *Erfindet spielerische Möglichkeiten, euch gegen-*

seitig eure Aggressivität zu zeigen. Sprecht danach über jene
Bereiche, in denen ihr dazu neigt, eure Energie zurückzuhalten.

Affirmation: *Ich lebe meine Kraft und Dynamik offen und frei.*

Königin der Stäbe (Queen of Wands)

Stichworte: *Mitgefühl; Würde; liebevolle Präsenz; Selbster-*
kenntnis; in Prüfungen gereifte Liebe; Fähigkeit, für einen ande-
ren Menschen dazusein.

Die Zeiten, in denen Bedürftigkeit und Abhängigkeit die Qualität deiner Beziehungen bestimmten, sind jetzt vorbei. Du
hast genügend, mitunter schmerzhafte Erfahrungen gemacht,
die dich auf einer tiefen Ebene zu dir geführt haben. Du weißt,
daß die letztendliche Erfüllung nicht beim anderen, sondern
nur in dir selber zu finden ist. Das gibt dir eine Gelassenheit
und Präsenz, aus der du gleichberechtigt mit anderen Menschen teilen kannst.

Du begegnest deinem Partner nicht aus einem Defizit heraus, sondern aus der Fülle und Kraft deiner in Prüfungen
gereiften Liebe.

Deine innere Erfüllung wird nicht mehr in Frage gestellt von
den eventuellen Fehlern und Schwächen deines Partners. Tiefes Mitgefühl und die Erinnerung an eigene Prüfungen machen
es dir leicht, deinen Partner in seinen Schwächen liebevoll
anzunehmen und ihn in Krisenzeiten unterstützend zu begleiten.

Diese Karte kann mitunter auch in aktuellen Beziehungskri-
sen gezogen werden. Sie ist dann ein Hinweis dafür, daß die
schmerzhaften Erfahrungen Teil eines transformierenden
Lernprozesses sind. Sie sollten in Würde und Dankbarkeit
akzeptiert werden. Es handelt sich um eine Zeit der Prüfungen,
deren Früchte erst später sichtbar werden.

Frage: *Welche Einsichten und Qualitäten sind in Zeiten von Prüfungen in dir gereift?*

Anregung: *Erinnere dich an Zeiten in deiner Beziehung, in denen deine Liebe durch schmerzhafte Erfahrungen geprüft wurde.*

Affirmation: *Ich gebe an andere weiter, was das Leben mich gelehrt hat.*

Prinz der Stäbe (Prince of Wands)

Stichworte: *Vertrauen; Offenheit; Freiheit; Leichtigkeit; Lebensfreude; feurige Sinnlichkeit; Mit-dem-Herzen-Sehen.*

Offenheit, Vertrauen und erblühende Liebe sind die Qualitäten des Herzens, die der Prinz der Stäbe wie kaum eine andere Karte zum Ausdruck bringt. Der Partner wird jetzt mit den Augen des Herzens gesehen. Das Herz be- und verurteilt nicht. Es gibt Raum für die Erfahrungen von Einheit und Lebensfreude.

Die Wachstums- und Erfahrungsmöglichkeiten für euren gemeinsamen Weg erscheinen jetzt unbegrenzt. Die ganze Welt steht offen. Optimismus und Leichtigkeit erfüllen alle Bereiche eures Daseins. Jetzt kannst du zusammen mit deinem Partner Aufgaben in Angriff nehmen, die ihr euch normalerweise nicht zutrauen würdet.

Auch die Bereiche der Sinnlichkeit haben jetzt eine spielerische Leichtigkeit. Du drückst deine Bedürfnisse offen und frei aus. Probleme zwischen dir und deinem Partner können in den Hintergrund treten. Du hast die Möglichkeit, frei von Sorge und Angst eure Liebe erblühen zu lassen.

Frage: *Was verändert sich in deiner Wahrnehmung, wenn du die Menschen, die dir nahe sind, mit den Augen des Herzens betrachtest?*

Anregung: *Setzt euch in offener Körperhaltung voreinander hin. Laßt euren Atem tief und weich in euer Herzzentrum strömen. Öffnet Arme und Hände füreinander und gebt eurem Körper Freiheit, seinen Impulsen zu folgen. Laßt alles, was zwischen euch entstehen will, in spielerischer Leichtigkeit pulsieren. Um über das übliche Manipulationsverhalten hinauszugehen, wiederholt diesen Vorgang dreimal, indem jeder in die ursprüngliche Ausgangsposition zurückgeht. Laßt euch Zeit! Ihr werdet feststellen, daß mit jedem neuen Versuch eure Impulse authentischer werden und euch gegenseitig auf tieferer Ebene näherbringen.*

Affirmation: *Ich sehe mit den Augen des Herzens.*

Prinzessin der Stäbe (Princess of Wands)

Stichworte: *Befreiung von Angst; Ekstasefähigkeit; Neuanfang; Lebensfreude; Leidenschaftlichkeit; Offenheit.*

Allzulange warst du das Opfer deiner Ängste. Angst und Liebe können nicht gleichzeitig existieren. Wo Angst ist, bleibt für Liebe kein Raum. Doch jetzt ist das Feuer deiner Liebe aufs neue entfacht und alle deine Ängste schwinden.

Die Prinzessin der Stäbe repräsentiert die jugendliche, stürmische Verliebtheit. Du bist im Begriff, deine Ängste hinter dir zu lassen und dich deiner brennenden Leidenschaftlichkeit hinzugeben. Das kann sich auf einen neuen Partner beziehen oder auf das Leben selbst.

Du bist offen gegenüber allen Menschen, die dir nahestehen und denen du jetzt begegnest. Furchtlos spielst du mit allen

Möglichkeiten. Konventionelle, auf Sicherheiten bedachte Beziehungsmuster sind für dich jetzt belanglos. Wenn du dich der Liebe ekstatisch hingibst, fragst du nicht mehr nach Absicherungen. Du vertraust deinen eigenen Gefühlen und bist durch das, was du ausstrahlst und an andere weitergibst, geschützt.

In einer bestehenden Beziehung kannst du dich jetzt angstfrei und offen zeigen. Deine Offenheit hilft auch deinem Partner, dir Bereiche von sich zu zeigen, die er bislang verschlossen hielt.

Die Befreiung von Ängsten ist immer auch eine Zeit des Neubeginns. Unbefriedigende Beziehungen können jetzt furchtlos beendet werden. Du weißt, daß du in Wahrheit nichts verlierst, sondern dich für Kontakte öffnest, die deinen tieferen Bedürfnissen entsprechen.

Frage: *Welche Ängste haben dich in der Vergangenheit davon abgehalten, deine Liebesfähigkeit zu entfalten?*

Anregung: *Begib dich mehr als bisher unter Menschen, zeige dich ihnen und spiele mit all deinen Möglichkeiten.*

Affirmation: *Indem ich mich meiner Liebe hingebe, verschwindet meine Angst.*

Ritter der Kelche (Knight of Cups)

Stichworte: *Familie; Wahlfamilie; Lebensgemeinschaft; spirituelle Gemeinschaft; Öffnung und Erweiterung der Beziehung.*

Deine Beziehung ist im Begriff, sich zu öffnen und zu erweitern. Das Thema »Familie« und »Wahlfamilie« gewinnt an Bedeutung.

Diese Karte kann darauf hinweisen, daß es jetzt an der Zeit ist, zusammen mit deinem Partner an die Gründung einer

Familie zu denken, bzw. – falls ihr bereits in einer familiären Situation lebt – mehr Zeit und Energie für familiäre Angelegenheiten zur Verfügung zu stellen. In diesem Bereich magst du jetzt tiefe Erfüllung finden.

Sehr oft weist diese Karte jedoch auf die Wahlfamilie hin – ein Kreis oder eine Gemeinschaft von gleichgesinnten Menschen, bei denen ihr Austausch, Anregung, tiefe Freundschaft und Hilfe für euer spirituelles Wachstum findet. Der Anschluß an einen solchen Kreis von Menschen ist für eure Beziehung eine wertvolle Bereicherung. Ihr werdet über die Grenzen eurer Zweisamkeit wachsen und wahrscheinlich auch neue Aufgaben und Perspektiven für euren gemeinsamen Weg finden.

Ist dein Partner zur Zeit nicht bereit, sich gemeinsam mit dir einer solchen Gemeinschaft anzuschließen, so laß dich nicht gleich von deinem Wunsch nach Begegnung mit Gleichgesinnten abhalten. Die Geschenke, die möglicherweise dort auf dich warten, sind es wert, den Sprung in neue Ebenen des emotionalen Austausches zu wagen.

Frage: *Was sind deine Wünsche, Vorstellungen und Ideale in Bezug auf Familie bzw. Wohngemeinschaft?*

Anregung: *Prüfe, ob sich diese Karte auf deine familiären Angelegenheiten oder auf das Finden deiner Wahlfamilie bezieht. Sprich mit deinem Partner über deine Ansichten und Wünsche.*

Affirmation: *Ich bin offen für die (Lebens)Gemeinschaft, die mich erfüllt und bereichert.*

Königin der Kelche (Queen of Cups)

Stichworte: *Große Einfühlsamkeit; subtile, feine Wahrnehmung; Mütterlichkeit; gebende Liebe; emotionale Unabhängigkeit.*

Die Aspekte von Mütterlichkeit und tiefem Einfühlungsvermögen gewinnen im Zusammensein mit deinem Partner an Bedeutung. Oberflächlichkeit ist jetzt unbefriedigend. Die Sehnsucht, miteinander zu verschmelzen, wächst. Du trägst in dir das tiefe Bedürfnis, die Ebenen des analytischen Verstandes zu verlassen, um in der grenzüberschreitenden Erfahrung das Mysterium eurer Gemeinschaft zu erleben.

Wer das Geheimnis seiner intimen Verbindung zu einem sehr nahestehenden Menschen ergründen will, muß sich tief in das Reich der Empfindungen hineinbegeben. Erblühende Liebe äußert sich in vielen verschiedenen Aspekten. Die Königin der Kelche repräsentiert das subtile feine Miteinander echter emotionaler Hingabe.

Wenn diese deine Bereitschaft bei deinem Partner eine entsprechende Resonanz findet, eröffnet sich dir die Möglichkeit zu tiefer Begegnung. Es kann aber auch vorkommen, daß dein Verlangen beim anderen Zurückhaltung und Abwehr auslöst. Dies hat sehr häufig seine Ursachen in einer unverarbeiteten Mutterbeziehung. Der andere mag Angst bekommen, von dir erdrückt und vereinnahmt zu werden. Es ist die Angst, in der Erfahrung der Grenzauflösung die eigene Identität zu verlieren und sich nicht mehr ausreichend abgrenzen zu können.

In jedem Fall ist es jetzt sehr wichtig, offen über die beiderseitigen Bedürfnisse bzw. Ängste zu sprechen, ohne euch gegenseitig unter Druck zu setzen.

Die Königin der Kelche trägt ein reiches Potential gebender Liebe in sich. In ihrer Souveränität bringt sie diese inneren Qualitäten nach außen, ohne sich von möglichen Ängsten und Schwächen ihrer Mitmenschen abhängig zu machen. Wenn du diese Karte ziehst, so ist sie ein Hinweis darauf, daß du diese Stärken in dir trägst und weiter entwickeln solltest.

Frage: *Wie zeigst du im Zusammensein mit deinem Partner deine weichen und sensiblen Seiten?*

Anregung: *Überlege dir mit deinem Partner, wie ihr euch gegenseitig verwöhnen könnt. Achtet darauf, daß jeder von euch einmal der Gebende und einmal der Empfangende ist.*

Affirmation: *Licht und Liebe erfüllt mein Sein.*

Prinz der Kelche (Prince of Cups)

Stichworte: *Animalische Sexualität; Leidenschaftlichkeit, Begehren, Verlangen, Triebhaftigkeit; Möglichkeit der Transformation.*

Die Karte konfrontiert dich mit deiner Sexualität und Leidenschaftlichkeit. Die Lektion, die es jetzt zu lernen gilt, ist bedeutsam und trägt ein großes Potential für Transformation in sich.

Die sexuelle Kraft ist eine fundamentale Energie. Sie ist an jeder Entstehung von Leben auf diesem Planeten beteiligt und ist uns von Geburt an inne. Jede Zelle unseres Körpers ist von dieser Energie durchdrungen.

Paradoxerweise ist unsere Kultur maßgeblich davon geprägt, diese Urenergie zu bekämpfen bzw. zu unterdrücken. Dieser Kampf ist jedoch aussichtslos und destruktiv, weil er sich gegen das Leben selbst richtet.

Sex ruft deine animalischen Kräfte wach: deine Wildheit, deine Geilheit, deine Gier, deine Triebhaftigkeit, dein Einverleiben-Wollen. Das mag dir angst machen. Wenn du diese Karte gezogen hast, so ist sie eine deutliche Aufforderung, diesen Bereichen nicht länger auszuweichen. Anstatt sie in dir zu bekämpfen und zu verurteilen, kannst du deine sexuelle Energie verwandeln, indem du sie annimmst und ihr offen Ausdruck gewährst.

Sei dir deines Verlangens bewußt! Es gibt dir die Möglichkeit, über dich selbst hinauszuwachsen.

Wenn du einen Partner hast, der es auch genießt, alle Bereiche der Sexualität und Leidenschaftlichkeit mit dir zu teilen, dann benutze diese Gelegenheit, spielerisch mit diesen Energien zu experimentieren.

Der sexuellen Vereinigung liegt die Ursehnsucht nach dem Einssein, der Aufhebung des Getrenntseins zugrunde. Indem ihr die körperliche Vereinigung mit allen Sinnen auskostet, könnt ihr einen Geschmack von Transzendenz, dem Zustand von Einssein mit allem, erfahren. Diese Erfahrung verwandelt dich und transformiert die sexuelle Energie nach und nach in eine allesumfassende Liebe.

Wenn du deine sexuellen Bedürfnisse zur Zeit mit keinem Partner leben kannst, bist du möglicherweise in Gefahr, deine sexuelle Energie destruktiv und bestrafend gegen dich selbst und andere zu richten. Du wirst dieser Gefahr entgehen, wenn du jetzt bereit bist, voll und ganz zu dir zu stehen.

Solange es nicht möglich ist, deine sexuellen Wünsche mit einem Partner auszudrücken, sei offen für andere, kreative und meditative Ausdrucksformen. Gerade in deiner jetzigen Situation bietet dir das Leben eine große Chance, andere Formen der Energieumwandlung zu erfahren. Laß jedoch nicht zu, daß du deine Meditation und Kreativität als Flucht benutzt, um deine sexuellen Impulse zu leugnen.

Frage: *Was sind deine stärksten sexuellen Wünsche und Phantasien?*

Anregung: *Sprich mit deinem Partner über deine »geheimen« sexuellen Wünsche und Phantasien. Habe den Mut, ehrlich zu sein und etwas zu riskieren!*

Affirmation: *Im bewußten Annehmen meiner Sexualität erfahre ich Verwandlung und Einheit.*

Prinzessin der Kelche (Princess of Cups)

Stichworte: *Überwindung von Eifersucht und Besitzansprüchen; Selbstvertrauen; erblühende Liebe; Harmonie.*

Die Gefühle, die in der Vergangenheit deine Offenheit und Freiheit einschränkten, sind überwunden, bzw. du bist im Begriff, sie loszulassen. Du hast Eifersucht, Besitzansprüche, Kontrolle und Machtausübung kennengelernt und bist jetzt bereit, jene Fesseln, mit denen du deinen Partner an dich binden wolltest, fallenzulassen. In dieser sanften Befreiung erblüht deine wirkliche Liebe.

Du siehst die vergangenen und aktuellen Schwierigkeiten mit neuen, klaren Augen und bist zunehmend bereit, auf Manipulation und Kampf zu verzichten. Im Erkennen deines eigenen Wertes gewinnst du Selbstvertrauen. Du fühlst dich frei und bist bereit, dem anderen seinen Freiraum zu gewähren. Dies ermöglicht dir, deinen Partner so anzunehmen, wie er ist.

Harmonie und Liebe erfüllt jetzt dein ganzes Sein. Du bist in Einklang mit dir selbst und dem, was dich umgibt. Aus dieser inneren Qualität heraus gewinnst du in deiner Beziehung an Unabhängigkeit und vertrauensvoller Offenheit.

Frage: *Was unterstützt den Prozeß deiner Selbstannahme?*

Anregung: *Meditiere eine Weile mit deinem Partner – gegenübersitzend. Spüre dabei deinen eigenen Wert und deine innere Schönheit. Laß zu, daß dein Körper dies durch eine harmonische Bewegung ausdrückt. Zeige dich deinem Partner in deiner Schönheit.*

Affirmation: *Ich gewähre mir und meinem Partner Freiheit.*

Ritter der Schwerter (Knight of Swords)

Stichworte: *Zielgerichtetheit; hohe Ideale; Mahnung zu Geduld und Prüfung der Realität; Gefahr von Ungeduld.*

Du hast klare, feste Vorstellungen, die du in der Beziehung mit deinem Partner erreichen und verwirklichen möchtest. Dies kann ein Ziel sein, das die Art und Weise eurer Partnerschaft betrifft, oder auch ein gemeinsames Projekt, eine gemeinsame Lebensaufgabe. Ohne nach rechts oder links zu schauen, jagst du diesen Ideen, Vorstellungen oder Erwartungen hinterher.

Wenn dein Partner dieselbe Entschlossenheit an den Tag legt, und eure Ziele identisch sind, werdet ihr sie sehr rasch verwirklichen können. Entsprechen sich eure Ziele jedoch nicht, so kann dies erhebliche Spannungen in eurem Miteinander verursachen. Dein Partner mag sich durch deine Ungeduld überfordert oder überrumpelt fühlen und mit entschiedener Verweigerung reagieren, oder sich ganz einfach entziehen.

Anstatt innezuhalten und dir Zeit und Muße zu geben, die Realität zu ergründen, neigst du jetzt vielleicht dazu, im atemlosen Vorwärtsdrängen deine fixen Ideen durchzusetzen. Auf diese Weise läßt sich jedoch das, was ursprünglich deiner inneren Wahrheit entsprang, nicht verwirklichen. Die durch deine Scheuklappen beschränkte Sicht verhindert die ganzheitliche Wahrnehmung deines Partners und seiner inneren und äußeren Realität.

Wird diese Karte gezogen, ist es wichtig, seine eigenen Ideale an der konkreten Wirklichkeit zu messen. Du solltest alle Aspekte eurer besonderen Situation anerkennen und miteinbeziehen. Deine ursprünglichen Zielvorstellungen werden auf diese Weise umgestaltet; der Horizont deines Bewußtseins erweitert sich. Was dann noch gemeinsam mit deinem Partner möglich wird, ist ein Geschenk, das keinesfalls selbstverständlich ist.

Die nicht erfüllten Aspekte deiner Wünsche an eine Beziehung mußt du jedoch nicht immer als unrealistisch abwerten. Laß sie vielmehr immer weiter und tiefer in dir arbeiten. Sind deine Ziele klar und realistisch, so werden sie zur rechten Zeit ihre eigenen Früchte tragen.

Frage: *Besteht mit deinem Partner Übereinstimmung in bezug auf eure Ziele?*

Anregung: *Nehmt euch Zeit, in Ruhe eure derzeitigen Wunsch- und Zielvorstellungen auszutauschen.*

Affirmation: *Ich erreiche meine Ziele im Einklang mit meinem Partner.*

Königin der Schwerter (Queen of Swords)

Stichworte: *Befreiung von Masken und Rollen; Ehrlichkeit, Offenheit; Mut; Klarheit.*

Du strebst in deiner Beziehung nach mehr Klarheit als bisher. Dafür bist du auch bereit, alte Masken zu zerschlagen oder selbst fallen zu lassen – Masken, hinter denen ihr euch bislang mit mehr oder weniger großem Erfolg versteckt hieltet.

Das betrifft auch das Rollenverhalten, das sich aufgrund von Konditionierungen aus der Kindheit oder unterbewußten Ängsten in beinahe jede Beziehung einschleicht. Solche unausgesprochenen und ungeschriebenen »Verträge« haben die Funktion, einer Beziehung eine scheinbare Stabilität zu verleihen. Sie werden jedoch zu Gefängnissen, sobald für dich und deinen Partner die eigene Entfaltung zum Individuum wichtiger wird als scheinbar vorhandene, gemeinsame Sicherheiten.

Wenn ihr damit beginnt, euch mit eurem wahren Gesicht zu begegnen, mag das, was zum Vorschein kommt, anfangs schokkierend sein. Ihr habt vielleicht lange mit bestimmten Lügen und Unehrlichkeiten gelebt. Jetzt ist es Zeit, die Wahrheit zu sagen und euch einander ungeschminkt zu zeigen. Vorsicht und Falschheit ist in dieser Phase eurer Beziehung das größte Hindernis für eine Annäherung in Ehrlichkeit, Offenheit und Authentizität.

Indem ihr auf falsche Vorsicht und jede Form von Versteckspiel verzichtet, wird eure Beziehung zu einer neuen Klarheit und Tiefe gelangen. Du brauchst jetzt jene Art von Mut und Liebe, die weiß, daß nichts, was zu eurer tiefsten Wahrheit gehört, je zerstört werden kann. Das kann miteinschließen, daß auf oberflächlicher Ebene durchaus manches »verlorengeht«, was dir oder deinem Partner wie ein schmerzlicher Verlust erscheint! Dennoch steht dies im Dienst der Befreiung eurer tieferen Wirklichkeit. Je ehrlicher du jetzt mit dir und deinem Partner umgehst, desto umfassender sind die Möglichkeiten einer echten Begegnung.

Falls dein Partner mehr Angst vor Offenheit hat als du, dann übe Geduld. Den ersten Schritt kannst du ohnehin nur mit dir selbst tun; das ist das Entscheidende. Alles weitere weise zurück an die letztendliche Wahrheit, der zu dienen der wichtigste Auftrag jeder Liebesbeziehung ist.

Frage: *Was waren deine Lieblingsrollen in der Beziehung zu Vater und Mutter und in deinen verschiedenen früheren Liebesbeziehungen?*
Kannst du Zusammenhänge erkennen?

Anregung: *Beobachte dich und deinen Partner in den Rollen, die ihr in eurem Zusammensein in unterschiedlichen Situationen übernehmt. Um sie noch deutlicher werden zu lassen, könnt ihr bisweilen bewußt damit spielen, indem ihr sie übertreibt oder karikiert. Sprecht immer wieder über die Hintergründe ihrer Entstehung in der Kindheit.*

Affirmation: *Indem ich mir selbst treu bin, helfe ich auch meinem Partner, sich selbst zu finden.*

Prinz der Schwerter (Prince of Swords)

Stichworte: *Abschneiden der alten Vergangenheit; Erneuerung von Beziehungsstrukturen; Möglichkeit der Trennung.*

Eure Beziehung hat einen Punkt erreicht, wo es notwendig wird, euch aus überholten Vorstellungen zu lösen. Viele Aspekte eures Miteinanders haben ihre Wurzeln in der alten Vergangenheit. Dies reicht zurück bis zu den Erfahrungen deiner Kindheit. Du hast vieles übernommen, was gar nicht deiner eigenen, inneren Wahrheit entspricht.

Diese Karte kann auch – vor allem für Paare, die schon länger zusammen sind – ein Hinweis sein, daß die alten Vorstellungen und Bedingungen, unter denen man einst die Beziehung einging, jetzt einer grundsätzlichen Prüfung unterzogen werden müssen. Die Partnerschaft ist im Begriff, sich tiefgreifend zu wandeln. Dies kann nur dann erfolgreich geschehen, wenn beide Partner bereit sind, längst überlebte Beziehungsmuster zu lösen. Die Grundsätze, die einst für eure Beziehung stimmig und notwendig waren, gelten nicht mehr in derselben Weise und müssen der aktuellen Realität angepaßt werden.

Geschieht dies nicht, so wird es möglicherweise besser sein, dich ganz von deinem Partner zu trennen. Tatsächlich weist diese Karte, wie kaum eine andere, auf die Möglichkeit einer Trennung hin.

Ein solches Zurücklassen von einengenden Beziehungsstrukturen kann letztendlich von allen Beteiligten als Erleichterung und Befreiung erlebt werden.

Frage: *Welche eingefahrenen Strukturen in eurem Verhalten zueinander erlebst du als überholt und einengend?*

Anregung: *Prüfe, ob deine aktuelle Beziehung deinem Bedürfnis nach Selbstentfaltung entspricht bzw. deine Selbstentfaltung unterstützt. Tausche dich mit deinem Partner darüber aus.*

Affirmation: *Ich löse mich von allem, was den Zugang zu meiner eigenen Wahrheit behindert.*

Prinzessin der Schwerter (Princess of Swords)

Stichworte: *Offene Auseinandersetzung; revolutionäre Veränderungen; kreative Konfrontation.*

In deiner Beziehung gilt es, »alte Altäre« zu sprengen. Vielleicht bist du es, der den Wunsch nach frischem Wind und radikaler Veränderung spürt, vielleicht ist es auch dein Partner, der mit beängstigenden neuen Ideen auf dich zukommt. In jedem Fall ist es jetzt ratsam, die Krise, die sich im Miteinander anbahnt, kreativ zu nutzen, indem ihr alten Ballast über Bord werft.

Die Vorwürfe, mit denen ihr euch zum wiederholten Male bombardiert, haben möglicherweise aus der Sicht des Einzelnen ihre Berechtigung. Jedoch geht es jetzt nicht darum, recht zu behalten. Jeder muß etwas riskieren und sich dem anderen zeigen. Das kann mitunter turbulente Formen der Auseinandersetzung annehmen. Der Staub, der sich auf eure scheinbare Harmonie gesetzt hat, muß aufgewirbelt werden. Scheinheiligkeit wird entlarvt und die unnötigen Fesseln falscher Sicherheiten werden abgestreift.

Du hast möglicherweise den Wunsch, dich von deinem Partner zu distanzieren oder zu trennen. Achtet jedoch darauf, daß ihr nicht im Zorn oder unter Vorwürfen auseinandergeht. Eine endgültige Trennung ist nur dann zu erwägen, wenn Ängste, Haß oder Schuldgefühle geklärt sind, und ihr in Liebe und Dankbarkeit voneinander Abschied nehmen könnt. Ist diese innere Verfassung nicht vorhanden, so mögt ihr euch vielleicht räumlich trennen, aber die Verbindungen von Haß, Verachtung und Rachegefühlen werden euch aneinanderketten und unfrei machen. Die Möglichkeiten zu einer neuen befriedigenden und erfüllenden Partnerschaft werden dadurch sehr erschwert, wenn nicht gar unmöglich gemacht.

Sobald ihr eure Konflikte in fruchtbarer Weise bereinigt und ausgetragen habt, äußert sich dies in Besonnenheit, Dankbarkeit und der tiefen Einsicht, daß jede Art von Schuldzuweisung unangemessen ist. Der Partner war nichts anderes als ein Spiegel für die eigene Unzulänglichkeit und Unbewußtheit.

Frage: *Gibt es in deiner Beziehung »alte Altäre«, die es zu sprengen gilt?*

Anregung: *Teile deinem Partner mit, in welchen Bereichen du den Wunsch nach Veränderung spürst. Sei bereit, für deine Bedürfnisse kompromißlos einzutreten.*

Affirmation: *Für meine Befreiung lohnt es sich, alles zu riskieren.*

Ritter der Scheiben (Knight of Disks)

Stichworte: *Lohnende Mühe; Anstrengung; Geduld; Gefahr der Einengung; allmählicher Fortschritt; Ernte; gemeinsame Projekte.*

In deiner Beziehung gibt es jetzt Aufgaben zu bewältigen, die deine ganze Kraft und deinen ganzen Einsatz erfordern. Wenn du dich mit deinem Partner gerade in einer Krise befindest, dann ist diese Karte ein Hinweis dafür, daß du Engagement und Mühe auf dich nehmen solltest, um die bestehenden Schwierigkeiten zu überwinden. Vielleicht ist dein Partner psychisch oder physisch erschöpft; dann bist du die Stütze, an der er sich wieder aufrichten kann. Vielleicht sind es Probleme mit Geld oder Beruf, Sex oder Eifersucht; ihr mögt euch beengt fühlen, oder Hunderte von Kilometern voneinander entfernt wohnen. Was auch immer euer aktuelles Thema ist, diese Karte ruft euch auf, euch wirklich damit zu befassen.

Nehmt eure Schwierigkeiten als Herausforderung an. Ihr könnt von ihnen lernen, wenn ihr das, was getan werden muß, in

Angriff nehmt und nichts hinauszögert. So hart eure gemeinsame »Beziehungsarbeit« auch sein mag, es ist nicht notwendig, sich dabei unter Streß zu setzen. Strengt euch an, aber macht euch nicht fertig. Arbeit jeder Art kann und sollte auch Spaß machen – wo sie es nicht tut, gehst du entweder mit einer negativen Einstellung daran, oder es ist nicht wirklich deine Sache.

Mühsame Phasen des Miteinanders sind mitunter auch Zeiten der Vorbereitung gemeinsamer Projekte, deren Ergebnisse und Früchte man oftmals erst sehr viel später erkennen und ernten kann. Der Ritter der Scheiben fordert dazu auf, geistige und physische Kräfte voll und ganz in den Dienst der Erde zu stellen. Akzeptiere die materiellen Notwendigkeiten, vor die du dich jetzt, zusammen mit deinem Partner, gestellt siehst.

Um die Anforderungen der Erde zu meistern, bedarf es auch gewisser Formen und Strukturen. Du solltest jetzt ein feines Gespür dafür entwickeln, welche bisherigen oder neuen Strukturen deine Aufgabe unterstützen und erleichtern, und welche dich einengen und deine Kreativität bremsen.

In manchen Fällen warnt der Ritter der Scheiben davor, sich selbst allzusehr einengen zu lassen und sich auf Dinge festzulegen, die nicht aus sich selbst heraus gewählt wurden. Indem du ein ausgewogenes Verhältnis zwischen Struktur und Freiheit herstellst, werden selbst die mühevollsten Unternehmungen zum lohnenden Wachstumsgeschenk.

Gibt es derzeit in deiner Beziehung keine schwierigen Krisen oder Aufgaben, so kann diese Karte als Aufforderung verstanden werden, zu untersuchen, welches Projekt von euch in Angriff genommen werden könnte.

Frage: *Gibt es Pflichten in deiner Beziehung, die du als einengend erlebst?*

Anregung: *Sprich mit deinem Partner darüber, welche Pflichten in Angriff genommen und welche Aufgaben gelöst werden müssen.*

Affirmation: *Die Mühen, die ich in meiner Beziehung auf mich nehme, dienen unserem gemeinsamen Wachstum.*

Königin der Scheiben (Queen of Disks)

Stichworte: *Erholung; Entspannung; Ausruhen; Genuß; Körperlichkeit, Fruchtbarkeit; Urlaub; geistige und körperliche Regeneration.*

Du hast in dieser aktuellen oder in früheren Beziehungen viel Mühe gehabt. Ein langer Weg durch die Wüste belastender Emotionen liegt hinter dir. Jetzt aber ist ein Moment gekommen, wo du mit deinem Partner ausruhen und durchatmen kannst. Es gibt nichts Bestimmtes zu tun oder zu leisten, aber sehr viel zu genießen.

Die Königin der Scheiben betont die Aspekte körperlicher Regeneration und Erneuerung. Du solltest das Zusammensein mit deinem Partner so gestalten, daß du die emotionale und körperliche Nahrung bekommst, die du so dringend brauchst.

Ist dies innerhalb deiner Beziehung nicht möglich, so fordert dich diese Karte auf, Urlaub von deinem Partner zu nehmen. Suche erholsame Plätze auf, an denen du innerlich abschalten kannst und Distanz bekommst zu den belastenden Spannungen, denen du dich im Alltag nicht entziehen kannst. Auch Menschen, mit denen du ungezwungen zusammensein kannst, geben dir jetzt Unterstützung.

Fühlst du dich mit deinem Partner wohl, so ist deine Partnerschaft ein Ort der Fruchtbarkeit.

Die Kinder, die ihr gemeinsam zur Welt bringt, müssen nicht unbedingt aus Fleisch und Blut sein – es kann sich auch um geistige oder spirituelle »Kinder« handeln. In jedem Fall aber können sie nur dann gedeihen, wenn es auch ihren Eltern gutgeht. Dies wiederum hängt vor allem davon ab, wie aufmerksam und liebevoll jeder von euch beiden mit sich selber umgeht – du kannst deinem Partner nur das geben, was du auch dir selber gönnst.

Frage: *Auf welche Weise kannst du dich am besten erholen? Ist Erholung mit oder ohne deinen Partner angesagt?*

Anregung: *Nimm dir mit deinem Partner viel Zeit und findet gemeinsam heraus, wie ihr euch gegenseitig verwöhnen wollt. Ist dies mit deinem Partner derzeit nicht möglich, so nimm dir selbst Zeit für Urlaub und Entspannung.*

Affirmation: *Ich lasse los und entspanne. Es gibt nichts zu tun, aber viel zu genießen.*

Prinz der Scheiben (Prince of Disks)

Stichworte: *Körperlichkeit; erdige Kraft; körperbezogene Sinnlichkeit; Gefahr der Identifikation mit der materiellen Ebene.*

Die Aspekte, die diese Tarotkarte für deine Beziehung aufzeigt, kreisen um Körperlichkeit und materielle Belange. Dies hat durchaus seine Schönheit, birgt jedoch auch beträchtliche Gefahren in sich. Du mußt jetzt selbst entscheiden, in welcher Richtung dich diese Karte ansprechen will.

Die positive Möglichkeit besteht darin, daß du gemeinsam mit deinem Partner die physischen Aspekte deines Seins genießen und entwickeln lernst. Du läßt es dir körperlich ganz einfach gut gehen, sobald du mit deinem Partner zusammen bist. Wie mit kaum einem anderen Menschen genießt du Essen und Sex, du fühlst dich genährt, geborgen und aufgehoben. Dein Körper erholt sich und wird gekräftigt und geheilt. Auch im finanziellen Bereich unterstützt ihr euch gegenseitig und beschenkt euch großzügig.

Die Gefahr einer solchen Situation liegt darin, die materiellen Bereiche überzubewerten. Ihr neigt dann dazu, euch ausschließlich mit dieser Ebene zu identifizieren und dreht euch im Kreis. Früher oder später fühlt ihr euch übersättigt und gelangweilt. Wenn sich euer Streben ausschließlich auf die Befriedigung von körperlicher Sinnlichkeit und von materiellem Besitz ausrichtet, werden diese Bereiche nicht mehr Quelle von Erfüllung sein, sondern euch mehr und mehr belasten und einengen. Das, was die Sinne anregen und beleben sollte, macht euch somit dumpf und schwer. Wer sich nur auf die materiellen Bereiche beschränkt, wird mit der Zeit einsehen müssen, daß viele andere Ebenen des Seins verkümmern.

Diese Karte ist eine Aufforderung, gerade die Bereiche der Erde mit Meditation in Verbindung zu bringen (vgl. As der Scheiben). Das Materielle sollte als Grundlage für spirituelles Wachstum dienen. Du kannst dein körperliches Wohlbefinden als Voraussetzung für Meditation und Bewußtseinserweiterung betrachten. Die Liebe zu deinem physischen Dasein gewährt deinem Körper eine angemessene Zuwendung. So wird die Erde zum Träger des Geistes und der Körper zum Tempel der Seele.

Frage: *Welchen Stellenwert hat die körperliche und materielle Ebene in deiner Beziehung?*

Anregung: *Überprüfe selbstkritisch, ob die körperlichen und materiellen Bereiche in deiner Beziehung deine Selbstentfaltung unterstützen oder einschränken.*

Affirmation: *Mein Körper ist mein Tempel.*

Prinzessin der Scheiben (Princess of Disks)

Stichworte: *Harmonie; Erneuerung; Schwangerschaft; Vorbereitung; Inspiration; Beziehung als Ort der Kraft; harmonischer Austausch.*

Langsam, zunächst kaum spürbar, verändert sich etwas in deiner Beziehung. Dann, ganz plötzlich kommt es zum Durchbruch, zu einem neuen Miteinander. Du bist jetzt in einer Phase, wo das Neue bereits wächst, aber noch keine konkrete, äußerlich sichtbare Gestalt angenommen hat. Es ist eine Zeit der Vorbereitung und, wenn du so willst, der »Schwangerschaft«.

Im Zusammensein mit deinem Partner erblüht deine innere Harmonie und wird zu einer Quelle von Inspiration und Wahrnehmung. In eurer Gemeinsamkeit lebst du Aspekte deiner selbst, die sonst kaum zum Vorschein kämen. Die Gegenwart deines Partners unterstützt deine Selbstfindung und hilft dir bei der Verwirklichung deiner Ideen.

Eure männlichen und weiblichen Energien verbinden sich jetzt auf harmonische Weise und bewirken die Neuwerdung und Entfaltung wichtiger Bereiche eures Seins.

Ihr könnt eure Beziehung zu etwas »Heiligem« machen, zu einem Ort der Kraft, von dem aus ihr euch mit dem Universum verbindet. Damit dies geschehen kann, ist eine Zeitspanne nötig, in der ihr wirklich miteinander vertraut werdet.

Du magst jetzt vielleicht mehr als sonst das Bedürfnis verspüren, mit deinem Partner zusammenzusein. Erlaube dir, dem nachzugeben, auch wenn das bedeutet, andere Interessen zeitweilig zurückzustellen. Das, was du in eurem Energieaustausch gewinnst, ist sehr kostbar und bereichernd.

Frage: *Worin besteht die Unterstützung, die dir durch deinen Partner entgegengebracht wird?*

Anregung: *Teile deinem Partner mit, welche neuen Aspekte durch ihn in dir zur Entfaltung kommen.*

Affirmation: *Ich finde meine Kraft und Harmonie in der Beziehung zu meinem/meiner Geliebten. Meine Liebe ist der Ort meiner Kraft.*

C. Das Kleine Arkanum
Stäbe
Kelche
Schwerter
Scheiben

As der Stäbe (Ace of Wands)

Stichworte: *Energie; feurige Beziehung; großes Potential; lebendige Sexualität; Möglichkeit der Transformation; Tatendrang, Initiative; Leidenschaft.*

Ein praller, von Blitzen umgebener Stab, aus dem die Flammen züngeln – was mag das wohl für dich und deinen Partner bedeuten?

In der Beziehung zu dem Menschen, der dich anzieht, fließt ungeheuer viel Energie. Es handelt sich um die dynamische Energie des Feuers, die zerstört und gleichzeitig schöpferisch ist.

Eine hohe Intensität kennzeichnet euer Miteinander. Welche Bereiche von diesem inneren Feuer in dir und deinem Partner entzündet werden, hängt ab von den besonderen Themen eurer Beziehung im jetzigen Stadium. Ihr könnt in Leidenschaft und Begeisterung füreinander oder für eine gemeinsame Sache entflammen.

Sind jedoch fundamentale Bereiche gestört oder blockiert, so wird das Feuer sich daran entzünden. Die Flammen der Auseinandersetzung, die dann zwischen euch lodern, verbrennen alles Unechte und Unreine. Solche Konflikte tragen ein großes kreatives Potential in sich. Sie dienen der Reinigung und Befreiung.

Ihr habt jetzt die Chance, Licht in eure Seelenschatten zu bringen und wichtige Bereiche in euch zu transformieren – dies betrifft insbesondere eure Sexualität. Laßt eure Sexenergie nicht einfach verpuffen, sondern geht immer bewußter damit um. Möglicherweise kann Tantra dabei ein wichtiger Weg für euch sein.

Grundsätzlich solltest du dir mit deinem Partner darüber klar werden, für welches Ziel ihr brennt, in welchen Lebensbereichen ihr eure Energien einsetzen wollt.

Frage: *Welche inneren Bereiche entzündet dein Partner in dir?*

Anregung: *Praktiziere zusammen mit deinem Partner eine Zeit-lang eine aktive Meditation – am besten die »Dynamische Meditation« (Kassette erhältlich im Buchhandel).*

Affirmation: *Ich teile meine feurige Kraft mit meinem Partner.*

Zwei Stäbe – Herrschaft (Dominion)

Stichworte: *Kriegerische Energie; makelloser Kampf; Zentriertheit; Beherrschtheit; tatkräftige Unternehmungen.*

Mars in seinem eigenen Zeichen, dem Widder, zeugt von einer kriegerischen, tatkräftigen Energie, die sich vorbehaltlos und makellos für die Erreichung der erkannten Ziele einsetzt.

In Beziehungen kann dies auf konstruktive, kreative Auseinandersetzungen mit dem Partner hinweisen. Im Eifer des Gefechtes mögen die Funken stieben, und dennoch solltest du keinen Moment deine Beherrschtheit verlieren. Vertritt deine Ansichten, stehe voll und ganz zu deinem Recht, aber lasse niemals zu, daß der Streit dich aus deinem inneren Zentrum wirft und du deine Würde und Klarheit verlierst.

Die Angelegenheiten, die den Konflikt zwischen euch entzündet haben, sind – wenn du genau hinschaust – gar nicht so bedeutsam, wie du annimmst. Wichtiger als dein Sieg ist die Qualität des Kämpfens selbst. Jede ehrliche Konfrontation, die in Offenheit stattfindet, bringt dich deinem Partner näher und vertieft eure Beziehung. Achte also darauf, dein Herz im Kampfe nicht zu verschließen, sondern den Austausch von Argumenten als energetischen Schlagabtausch zu führen. So wird es möglich, selbst den Streit mit deinem Partner zu genießen. Zum gegenseitigen Kennenlernen gehört auch das Kräftemessen!

Falls gerade keine Auseinandersetzung zwischen euch ansteht, nutzt diese Energie gemeinsam, um etwas Tatkräftiges zu unternehmen.

Frage: *Kennst du die Erfahrung, einen Streit mit deinem Partner zu genießen?*

Anregung: *Achtet bei eurer nächsten Auseinandersetzung darauf, diese zum kreativen Akt werden zu lassen.*

Affirmation: *Auch im Kampf bleibt mein Herz offen.*

Drei Stäbe – Tugend (Virtue)

Stichworte: *Zentriertheit; Reinheit; Makellosigkeit; Neubeginn; Vertrauen; Lebendigkeit; Echtheit; Harmonie.*

Du kannst mit deinem Partner noch einmal neu beginnen. Die Drei Stäbe zeigen, daß derzeit die Luft zwischen euch rein ist. Du besitzt genug Selbstvertrauen und Kraft, um dem anderen gelassen und zentriert gegenüberzutreten. Und du weißt auch, daß du es jetzt nicht nötig hast, dich zu beweisen und dich in irgendeiner Weise hervorzutun.

Dein Gefühl für Echtheit ist jetzt gut ausgeprägt und du kannst, in Kontakt mit deinem inneren Zentrum, die Grenzlinie finden, wo Toleranz aufhört und faule Kompromisse anfangen. Verbunden mit dieser inneren Kraft läßt du dich nicht mehr auf Halbherzigkeiten ein. Je mehr du dir selbst vertraust, desto tiefer wird auch dein Vertrauen in deine Beziehung sein.

Innere Ausgeglichenheit und Ruhe verbinden sich harmonisch mit deiner Lebensfreude und Vitalität. Du strahlst eine Heiterkeit aus, die wahrscheinlich schon bald auf deinen Partner überspringt. Er fühlt sich in deiner Nähe wohl und ihr könnt eure gemeinsame Harmonie mit anderen Menschen teilen.

Frage: *Auf welche Weise möchtest du mit deinem Partner neu beginnen?*

Anregung: *Nehmt euch einen ruhigen Abend, breitet eine Decke im Zimmer aus und gebt euch gegenseitig eine intuitive Massage.*

Affirmation: *Ich ruhe in mir und bin offen.*

Vier Stäbe – Vollendung (Completion)

Stichworte: *Abschluß; Neuanfang auf höherer Ebene; Kreativität; Integration von Gegensätzen; Vereinigung, Vervollständigung.*

Es ist dir jetzt möglich, in deiner Beziehung einen Zyklus abzuschließen, dich bereitzumachen für neue Abenteuer. Damit aber das Alte wirklich vollendet und zum Sprungbrett für Neues werden kann, ist es notwendig, alle offenen Fragen in eurer Beziehung zu klären – in einer ebenso direkten, wie liebevollen Auseinandersetzung.

Dein Partner hilft dir bei deiner persönlichen Vervollständigung, indem er in eurem Miteinander den anderen Pol darstellt. Das Gefühl der Erfüllung, das du mit diesem Menschen erfahren kannst, zeigt dir das Potential der Ganzheit in dir selbst. Du hast deinen Partner gesucht und gefunden, weil er dir hilft, deine gegensätzlichen Anteile in dir selbst zu entwickeln. Eure aktuelle Situation dient vorrangig diesem Prozeß.

Statt eure Energie mit kleinlichen Streitereien zu vergeuden, solltet ihr lernen, die Andersartigkeit des Partners zu akzeptieren, ohne ihn verändern zu wollen. In eurer Beziehung steckt sehr viel kreative Kraft, die sich umso besser entfalten kann, je mehr ihr eure Gegensätze zusammenfließen laßt. Falls Spannungen vorhanden sind, ist jetzt ein guter Zeitpunkt, diese zu bereinigen. Ihr könnt offen sein für neue Impulse, für einen gemeinsamen Start auf höherer Ebene.

Frage: *Bist du bereit deinen Partner in seiner Andersartigkeit* *anzunehmen? Welche Bereiche müssen dringend geklärt bzw. abgeschlossen werden?*

Anregung: *Tausche dich mit deinem Partner darüber aus, in welchen Bereichen du ihn gegensätzlich erlebst und wie diese Gegensätzlichkeit dich ergänzt.*

Affirmation: *In der Anerkennung von Gegensätzen werde ich vollständig.*

Fünf Stäbe – Streben (Strife)

Stichworte: *Gehemmtes Streben; Spannung; Konflikt; vergebliches Bemühen; Kampf oder Resignation; blockierte Energie; Möglichkeit, sich auf die eigene Kraft zu besinnen.*

Wenn du die Fünf Stäbe für deine aktuelle Beziehungssituation ziehst, so weisen sie dich auf einen massiven inneren Konflikt im Zusammensein mit deinem Partner hin. Du bist vielleicht voller Ideen, Pläne und Ansprüche und möchtest diese um jeden Preis in deiner Beziehung verwirklichen. Du strebst nach vorn und versuchst, deinen Partner für deine Unternehmungen und Ziele zu gewinnen. Dabei gehst du davon aus, daß die Erfüllung, nach der du dich sehnst, nur möglich wird, wenn dein Partner dich voll und ganz unterstützt.

Doch anstatt deine Begeisterung zu teilen, verhält dein Partner sich eher zurückhaltend. Du erlebst ihn als Bremsklotz, der sich immer wieder – gerade in entscheidenden Situationen – gegen deine großartigen Impulse stellt. Sein Verhalten erscheint, offen oder unterschwellig, autoritär, was dich an Erfahrungen aus deiner Kindheit erinnert, wo Eltern oder andere Autoritätspersonen deine Lebensfreude und deinen Drang nach Freiheit durch Einschränkungen erstickten.

Je heftiger du dich gegen die Begrenzungen durch deinen

Partner wehrst, umso mehr verschließt er sich. Du kannst deinen Willen nicht durchsetzen, ohne eure Beziehung ernsthaft zu verletzen. Es mag extreme Situationen geben, wo die Zerstörung der alten Strukturen den einzigen Ausweg aus deiner Gefangenschaft darstellt. In der Regel gibt es jedoch andere, konstruktivere Lösungen.

Anstatt gegen deinen Partner zu kämpfen oder zu resignieren, nimm dir Zeit und Raum, dein eigenes Inneres aufzusuchen. Dort wirst du sehr viel mehr Kraft entdecken, als du dir im allgemeinen zutraust. Verbunden mit deiner wahren Stärke bist du frei, selbständig und unabhängig. Du kannst alles verwirklichen, was für dich und dein Leben erstrebenswert ist. Wenn sich dein Partner nicht mehr unter Druck gesetzt fühlt, wird es plötzlich viel leichter sein, ihn zu gewinnen und miteinzubeziehen.

Ihr könnt diesen Beziehungskonflikt natürlich auch in ausgetauschten Rollen erleben: Daß du derjenige bist, der die vorwärtsdrängenden Impulse des anderen hemmt. In diesem Fall ist es wichtig, deine Ängste zu beobachten, die durch das impulsive Verhalten deines Partners ausgelöst werden.

Frage: *Wie zeigt sich in eurem Zusammensein der Konflikt zwischen Streben und Hemmen?*

Anregung: *Untersucht, in welchen Bereichen und Situationen ihr euch vom Partner unterdrückt bzw. gedrängt erlebt. Schreibt eure Erkenntnisse auf, und tauscht euch in Ruhe über diese Beziehungsmuster aus.*

Affirmation: *Im Vertrauen auf meine innere Stärke gehe ich meinen Weg.*

Sechs Stäbe – Sieg (Victory)

Stichworte: *Sieg; Durchbruch; Erfolg; freigesetzte Energie; Stärke durch Gemeinsamkeit; Zuversicht.*

Das Zusammensein mit deinem Partner mag dir manchmal anstrengend vorkommen, aber eure Mühen lohnen sich. Nach Phasen von Konflikten und Kampf kommen plötzlich und unerwartet Momente, wo alles ganz leicht wird, spielerisch und genußvoll. Ein solcher Moment ist jetzt für euch möglich. Das, was du in deiner Beziehung angestrebt hast, kann Realität werden. Lange genug hast du dich für euer Miteinander eingesetzt; jetzt kannst du den plötzlichen Durchbruch erleben und der Sieg stellt sich unverhofft ein.

Ihr könnt jene Energie spüren und genießen, die ihr gegenseitig in euch freigesetzt habt. Kostet euer Miteinander so intensiv wie möglich aus – und ihr werdet eine Ahnung davon bekommen, wieviele neue und größere Siege möglich sind.

In euch brennt ein Feuer, das von innen heraus lodert und deshalb nicht mehr ständig geschürt werden muß – weder durch Konfrontation, noch durch übertriebenes Engagement. Was du tun kannst: Befreie dein Feuer von Ascheresten und vereinige es mit den Flammen deines Partners. Das heißt konkret: Teilt alles, was euch bewegt, und sucht nach Möglichkeiten, eure Stärken gemeinsam zu leben.

Frage: *Was bedeutet für dich »Sieg« in bezug auf deinen Partner?*

Anregung: *Teile mit deinem Partner, wie euer gemeinsamer Sieg aussieht.*

Affirmation: *Mein Sieg ist auch der Sieg meines Partners.*

Sieben Stäbe – Tapferkeit (Valour)

Stichworte: *Stärke; Energie; Mut; Kompromißlosigkeit; gegenseitige Stärkung; Kraft; Durchsetzung; Selbstbewußtsein; Makellosigkeit; Ehrlichkeit.*

Mars im Löwen deutet auf eine kriegerische Kraft hin, deren Wirkung sich in einer ungeheuren Durchsetzungskraft manifestiert. Was immer jetzt in der Beziehung zu deinem Partner ansteht – du hast genügend Risikobereitschaft und Mut, deine eigene, innere Wirklichkeit darzustellen und deren Ziele durchzusetzen. Wenn du in Offenheit und Makellosigkeit für deine Absichten eintrittst, so hat dein Partner in dir ein Gegenüber, das es ihm ebenfalls ermöglicht, klar Stellung zu beziehen. Ihr könnt euch auf faire Weise auseinandersetzen. Es geht dabei nicht so sehr um Gewinnen oder Verlieren; vielmehr gibt die Intensität und Ehrlichkeit eures Kampfes euch beiden die Gelegenheit, voneinander zu erfahren und herauszufinden, was ihr wirklich wollt.

Du kannst jetzt in deiner Beziehung ein Wagnis eingehen, indem du deinem Partner klar und ohne Umschweife sagst, was du willst. Wenn du wirklich zu dir selber stehst, kann dich nichts und niemand umwerfen. Traue dich also, dich selbst konsequent und kompromißlos zu vertreten.

In dem Maß, wie jeder einzelne von euch seine eigene innere Kraft zuläßt und entwickelt, seid ihr auch gemeinsam stark. Habt ihr ein gemeinsames Ziel, das euch verbindet, so könnt ihr es mit vereinten Kräften erreichen, ohne euch von Außenstehenden beirren zu lassen.

Frage: *Lebst du in deiner Beziehung deine innere Wirklichkeit?*

Anregung: *Besucht gemeinsam eine Selbsterfahrungsgruppe mit dem Schwerpunkt »Encounter«, oder gebt euch 30 Minuten, in denen ihr euch gegenübersitzt und jeder dem anderen offen und ehrlich mitteilt, was er will. Wenn einer von euch spricht, hört der andere nur zu.*

Affirmation: *Indem ich offen und ehrlich zu mir stehe, gebe ich meinem Partner die Möglichkeit, zu sich selbst zu stehen.*

Acht Stäbe – Schnelligkeit (Swiftness)

Stichworte: *Bewegung; Direktheit; Eindeutigkeit; Möglichkeit zur Klärung; offene Kommunikation; Flexibilität.*

Du führst derzeit eine bewegte Partnerschaft, in der sich Situationen sehr schnell ändern, aber auch klären können. Diese Tarotkarte ist nichts anderes als ein Spiegelbild deiner Beziehung: Während es noch blitzt, schimmert schon der Regenbogen und der funkelnde Kristall kündigt die entstehende Klarheit an.

Sei dir des Wertes deiner Beziehung bewußt und sorge für offene Kommunikation zwischen dir und deinem Gefährten. Falls ihr Streit hattet, ist jetzt eine gute Gelegenheit, ihn beizulegen. Mißverständnisse können beseitigt und Zweifel ausgeräumt werden.

Voraussetzung ist allerdings, daß ihr klar und direkt miteinander umgeht. Sage nicht: »Wenn es für dich stimmt und deine Kopfschmerzen vorbei sind, dann täte es dir sicher gut, wenn wir, zumal es beim letzten Mal nicht schlecht war, auch in dieser Vollmondnacht vielleicht wieder etwas Gemeinsames unternehmen würden.« Sage statt dessen lieber: »Ich möchte mit dir schlafen.«

Grundsätzlich solltest du darauf achten, dich nicht von deinem Partner vereinnahmen zu lassen. Es ist eurer Freundschaft durchaus förderlich, wenn du dich auch abgrenzt und deutlich deinen Standpunkt vertrittst.

Frage: *Was gibt es zwischen dir und deinem Partner zu klären?*

Anregung: *Sprich mit deinem Partner darüber, wie es dir derzeit geht, was dich berührt und beschäftigt. Sei dabei ehrlich, offen und direkt.*

Affirmation: *Durch meine Direktheit und Offenheit bringe ich Klarheit in meine Beziehung.*

Neun Stäbe – Stärke (Strength)

Stichworte: *Heilung; Stärke; Wachstum; Reinigung; Bewußtmachung alter Wunden; Verbundenheit; Erweiterung.*

Was zwischen deinem Partner und dir derzeit möglich ist, ist nichts Geringeres als Heilung. Diese erwächst aus der bewußten Wahrnehmung all jener Bereiche eures Miteinanders, die bislang im Dunkeln lagen. Ihr mögt durch schmerzhafte Prozesse gehen, doch sie dienen eurem inneren Wachstum. In euch brennt ein Feuer, mit dem ihr alte Wunden reinigen könnt, einfach indem ihr sie euch bewußt macht und gegebenenfalls noch einmal mit voller Wachheit in diese schmerzlichen Erfahrungen hineingeht. Ob es die Beziehung zu deinen Eltern ist, der Tod eines nahen Freundes oder eine von deinen immer wiederkehrenden Ängsten – dein Partner hilft dir jetzt dabei, dich mit all dem auseinanderzusetzen, was du bisher nicht, oder nur teilweise anschauen wolltest. Umgekehrt kannst du für ihn die gleiche Funktion haben.

Was daraus entsteht, ist eine bislang nicht gekannte Stärke in dir, und eine mit Worten nicht zu beschreibende, tiefe Verbundenheit in deiner Beziehung. Beides zusammen gibt dir die Möglichkeit, in allen Lebensbereichen über bisherige Grenzen hinauszugehen.

Die unbewußten, dunklen Bereiche eures Miteinanders werden mehr und mehr der bewußten Wahrnehmung zugänglich. Daraus erwächst eine befreiende Kraft in eurem Inneren, eine wahre Stärke, die euch beflügelt. Der Prozeß, der durch diese neue Stärke in Gang gesetzt wird, kann die Qualität eurer Beziehung tiefgreifend wandeln. Jeder einzelne braucht Mut, zu der neu erwachenden Stärke zu stehen, und diese vor dem Partner und anderen Menschen zu vertreten.

Frage: *Welches sind die dunklen Bereiche in deiner Beziehung, die du dir jetzt zusammen mit deinem Partner bewußt machen solltest?*

Anregung: *Besuche mit deinem Partner eine (Rebirthing-) Selbsterfahrungsgruppe. Falls ihr schon Erfahrung habt, gebt euch gegenseitig Sessions.*

Affirmation: *Selbsterkenntnis führt uns zur vollen Entfaltung unserer inneren Stärke.*

Zehn Stäbe – Unterdrückung (Oppression)

Stichworte: *Zurückgehaltene Energie; unterdrückte aggressive Impulse; Angst vor Spontaneität und Vitalität; Druck.*

Die Energie, die im Zusammensein mit deinem Partner entsteht, ist äußerst kraftvoll und lädt euch beide ein, über eure Grenzen hinauszugehen. Doch anstatt dieses Potential im Miteinander freizusetzen, blockiert und unterdrückt ihr euch gegenseitig. Unterschwellige Ängste setzen immer wieder stereotype Verhaltensweisen in Gang, mit denen ihr euch gegenseitig kontrolliert. Doch auf Dauer verstärkt sich dadurch nur das, was ihr am meisten fürchtet und versteckt: eure Aggressionen.

Die gegenseitige Unterdrückung der aggressiven Impulse bewirkt einen Stau eurer Energien. Dies führt dazu, daß du dich immer weniger offen und spontan deinem Partner zeigst. Wenn sich von Zeit zu Zeit der Druck in destruktiven Aktionen entlädt, so wertest du dies möglicherweise noch als weitere Bestätigung dafür, daß Aggressionen gefährlich sind und ihr euch noch besser kontrollieren und in Zaum halten solltet. So kommt es, daß ihr euch gegenseitig noch größere Zwänge auferlegt und eure Beziehung sich weiter von Liebe und Freude entfernt.

Die meisten Menschen haben durch ihre Erziehung in Elternhaus und Schule gelernt, Aggressionen als etwas Unerwünschtes und Gefährliches zu betrachten. Sie gelten als unvereinbar mit Liebe, Harmonie und Nähe. Daher die Schwierigkeit, mit diesen Bereichen offen zu sein – besonders bei einem Menschen, dessen Nähe man ersehnt und sucht.

Die Zehn Stäbe zeigen dir, daß dieses Thema jetzt in deiner Beziehung aktuell ist. Befreit euch gemeinsam von allen wertenden Urteilen darüber, was sein darf und was nicht. Deine aggressiven Impulse sind etwas Natürliches, sie sind Teil deiner Lebenskraft. Je freier und akzeptierender du mit ihnen umgehst, umso intelligenter und kreativer wird dein gesamtes Verhalten sein. Nur ein Mensch, der mit seinen aggressiven Anteilen Freundschaft geschlossen hat, d.h. sie lebt und ausdrückt, hat die Möglichkeit, zu seinem vollen Potential zu erblühen.

Unterdrückte Energien stauen sich zu Gewalt und Destruktivität. Dein aggressives Potential wird sich in Liebe und Kreativität ausdrücken, wenn du anfängst, es konstruktiv zu gebrauchen, anstatt dagegen anzukämpfen. Verbunden mit Ehrlichkeit, Wachheit und Bewußtheit kann es dir im Zusammensein mit deinem Partner neue Dimensionen eröffnen. In dem Maß, wie du beginnst, dich selbst zu zeigen und zu dir zu stehen, wird sich auch dein Partner öffnen.

Euer Miteinander wird an Intensität gewinnen. Selbst wenn euer Streit Scherben verursachen sollte, könnt ihr doch die Wirkung einer solchen offenen Auseinandersetzung wie die reinigende Kraft eines Gewitters erleben.

Frage: *Welche Impulse unterdrückst du im Zusammensein mit deinem Partner?*

Anregung: *Gib dir Gelegenheit, deine Aggressionen zunächst mit dir alleine auszuagieren (Schreien, Kissenschlagen etc.). Wenn du Dampf abgelassen hast, wirst du dich deinem Partner klarer und offener zeigen können.*

Affirmation: *Im offenen und ehrlichen Ausdruck meiner aggressiven Impulse erfahre ich Lebendigkeit und Freiheit in meiner Beziehung.*

As der Kelche (Ace of Cups)

Stichworte: *Kosmische, allumfassende, gebende Liebe; Stille; Einklang mit dem Kosmos; Freiheit, Grenzenlosigkeit; Sanftheit, Glückseligkeit, Harmonie, Licht.*

Es ist alles da. Sanftheit und Glückseligkeit, Stille und Staunen, Liebe und Licht. Von allen Kleinen Arkanen ist das As der Kelche den Trumpfkarten am nächsten. Wichtige Aspekte, beispielsweise der Liebenden, der Sonne und des Universums, sind in dieser Karte enthalten. Das As der Kelche repräsentiert die Liebe an sich, die Liebe, die durch nichts eingeschränkt wird und sich voll und ganz entfalten kann.

Es mag dich vielleicht überraschen, aber eine solche Liebe ist auch in deiner Beziehung möglich – und zwar nicht irgendwann in ferner Zukunft, sondern hier und jetzt. Du kannst nun über deinen persönlichen Horizont hinausgehen und dich in Räume tragen lassen, die jenseits des Verstandes liegen, jenseits aller Bewertungen und Begrenzungen. Dies ist ein Zustand von Entgrenzung und großer Offenheit.

Deine Beziehung ist nicht Mittelpunkt, sondern Ausgangspunkt. Aus eurer tiefen Liebe zueinander kann kosmische Liebe erwachsen. Ihr spürt jetzt die Fäden aus Licht, die euch miteinander und mit dem Universum verbinden. Neue Dimensionen mögen sich für euch auftun, und ihr könnt eine Ahnung bekommen von jenem letztendlichen Ziel, zu dem eure Liebe euch hinführt.

Frage: *In welchen Situationen im Zusammensein mit einem geliebten Menschen machst du kosmische Erfahrungen?*

Anregung: *Schlafe mit deinem Partner so, daß es nicht zum körperlichen Orgasmus kommt. Sobald ihr euch vereinigt habt, reduziert alle Bewegungen auf das notwendigste Minimum und werdet ganz still. Atmet im selben Rhythmus und achtet darauf, daß ein Energiekreis entsteht durch die gleichzeitige Vereinigung eurer Sex- und Herzzentren.*

Affirmation: *Ich bin ein Gefäß für grenzenlose, kosmische Liebe.*

Zwei Kelche – Liebe (Love)

Stichworte: *Liebe; Empfänglichkeit; erfüllte Liebesbeziehung; Vollkommenheit; Vereinigung; harmonisches Miteinander; tiefe Hingabe.*

Du bist angelangt an einem schönen See der Harmonie und Liebe. In deiner Beziehung sind Momente möglich, wie sie alle Menschen ersehnen: Momente der Stille, der ganzheitlichen Vereinigung mit deinem Geliebten.

Die Zwei Kelche zeigen, daß diese Erfahrung jetzt in deinem Leben Wirklichkeit werden kann. Du brauchst dazu nicht den perfekten Partner – den es ohnehin nicht gibt. Diese Art von Liebe stellt keine Forderungen und Ansprüche an den anderen, sondern zeigt eine innere Bereitschaft zu uneigennütziger und vollkommener Hingabe an das Mysterium der Liebe.

Eine notwendige Voraussetzung ist tiefe Selbstliebe. Nur wer sich selbst ganz und gar annimmt, kann sich für eine

Partnerschaft weit öffnen. Die Liebe, die wir einem anderen Menschen schenken wollen, müssen wir zuerst in bezug auf uns selbst entwickelt haben.

Du kannst von deinem Partner sehr viel bekommen, und diese Karte will dich dazu ermuntern, es auch anzunehmen. Wer geben will, muß zuerst fähig sein, zu empfangen. Von dir werden keine Gegenleistungen erwartet, keine Show und keine Liebesbeweise. Es genügt, wenn du einfach offen bist und deinem Partner vertraust. Ihr könnt gemeinsam den Reichtum eurer Gefühle genießen. Eure Liebe ist echt. Ihr könnt euch von ihr leiten und in unbekannte Tiefen führen lassen. Auf dem Weg dorthin gibt es nichts anderes zu tun, als wach zu sein und eure Lebendigkeit zu feiern.

Frage: *Was hilft dir, die Liebe zu dir selbst und deinem Partner zu erfahren?*

Anregung: *Finde ein Geschenk für deinen Partner, das in besonderer Weise deine Liebe ausdrückt.*

Affirmation: *Ich gebe mich der Liebe hin.*

Drei Kelche – Fülle (Abundance)

Stichworte: *Liebe; Vertrauen; Nähe; emotionaler Reichtum; Intensität; Austausch; Hingabe.*

Es gibt ein sehr wertvolles Geheimnis zwischen deinem Partner und dir, etwas Einzigartiges, das nur ihr beide miteinander teilt. Sei dir dieses Geheimnisses bewußt oder – falls du es noch nicht gefunden hast – suche danach.

Die Drei Kelche deuten auf einen speziellen Lichtpunkt in eurer Beziehung hin. Es gibt zwischen dir und deinem Partner besonders kostbare und seltene Empfindungen zu teilen. Das kann eine besondere Qualität sein beim Miteinander-Schlafen, beim gemeinsamen Meditieren oder auch beim Gedankenaustausch.

Grundsätzlich gilt: Du hast in deiner Beziehung alles im Überfluß, was du derzeit für deine Entwicklung brauchst. Es gibt nichts weiter zu tun, als die Geschenke dankbar anzunehmen, mit denen du überhäuft wirst. Umgekehrt hast auch du deinem Partner unendlich viel zu geben – einfach, indem du so bist, wie du bist.

Die Karte ist häufig auch ein Hinweis auf einen dritten Menschen, dem ihr als Paar nahe seid, und mit dem ihr jetzt eure Beziehung vertiefen und erweitern könnt.

Frage: *Worin besteht das »Besondere« im Zusammensein mit deinem Partner?*

Anregung: *Nehmt euch einen Abend und teilt etwas Kostbares miteinander.*

Affirmation: *Ich genieße den überfließenden Reichtum in meiner Beziehung.*

Vier Kelche – Üppigkeit (Luxury)

Stichworte: *Liebe, Fürsorge, Zuwendung, Mütterlichkeit; Vertrautheit; Gefahr der Einschränkung durch ein Übermaß an Fürsorge.*

Du bekommst von deinem Partner – und er von dir – sehr viel Liebe. Dies ist Teil eures emotionalen Reichtums, der sich in eurem Miteinander in Großzügigkeit, Üppigkeit und Schönheit ausdrückt. Du kannst mit deinem Partner, wie nur mit wenigen anderen Menschen, gemeinsame innere Fülle teilen.

Die Zuwendung, die dir dein Partner derzeit entgegenbringt,

hat sehr viel mit Mütterlichkeit und Fürsorglichkeit zu tun. Dadurch wird in eurer Beziehung eine Art von Urvertrauen geweckt, von dem aus ihr in die Tiefen eurer Seele hinabtauchen könnt. Je bewußter ihr mit euren Gefühlen umgeht, desto mehr könnt ihr davon annehmen und weitergeben. Freut euch an eurer Zweisamkeit, aber beschränkt euch nicht darauf – eure Beziehung bleibt nur lebendig, wenn ihr euren emotionalen Reichtum auch mit anderen Menschen teilt.

Die Karte »Üppigkeit« ermahnt dich auch, darauf zu achten, daß deine Unabhängigkeit niemals durch ein Zuviel an emotionaler Zuwendung eingeschränkt wird. In Zeiten der Üppigkeit gilt es, doppelt wach zu sein. Besonders in familiären oder sehr vertrauten Beziehungen kann ein Übermaß an Fürsorge erdrückend wirken. Im Bild dieser Tarotkarte gesprochen verdunkelt sich dann der Himmel der Klarheit, und das Wasser der Emotionalität verliert seine Reinheit.

Frage: *Neigst du oder dein Partner dazu, den anderen durch zuviel Zuwendung einzuengen?*

Anregung: *Schenke deinem Partner einen Tag, an dem du ihn bemutterst: Bringe ihm das Frühstück ans Bett, lies ihm eine Geschichte vor, koche etwas Gutes für ihn, streichle und zärtle ihn. An einem anderen Tag laß dich selbst von ihm bemuttern. Tauscht euch aus über die Erfahrungen in beiden Rollen.*

Affirmation: *Ich genieße unseren emotionalen Reichtum in Freiheit.*

Fünf Kelche – Enttäuschung
(Disappointment)

Stichworte: *Enttäuschung; unrealistische Erwartungen; Ernüchterung; Unzufriedenheit; Traurigkeit.*

Ziehst du die Fünf Kelche, so weisen sie in der Regel auf alte, emotionale Wunden aus früheren Beziehungen hin, die in der aktuellen Situation erneut schmerzhaft gefühlt werden. Das, was dein Partner jetzt in dir auslöst, reicht oft weit in die Primärerfahrungen deiner frühen Kindheit zurück. Das Verhalten deines Geliebten ruft längst überwunden geglaubte Gefühle der Angst und Enttäuschung in dir wach, denen du dich in Hilflosigkeit ausgeliefert fühlst.

Anstatt jetzt dem anderen Vorwürfe zu machen, sei dir bewußt, daß du dich in einer wichtigen Phase emotionaler Reinigung und Heilung befindest. Dein Partner hat für diesen Prozeß eine bedeutende Rolle übernommen. Aufgrund deiner früheren Enttäuschungen neigst du dazu, deine eigenen frustrierten Bedürfnisse auf deinen jetzigen Partner zu projizieren. Wer jedoch im anderen den perfekten Partner sucht, wird unweigerlich enttäuscht. Du mußt lernen, daß du deine Erfüllung niemals im Außen, sondern nur in dir selbst finden kannst. Wer ausschließlich bei anderen – wie das Kind bei seinen Eltern – emotionalen Halt sucht, beweist damit einen Mangel an Eigenverantwortung und Selbständigkeit. Der Angst vor Enttäuschung liegen in jedem Fall unangemessene, infantile Erwartungen zugrunde, die nicht erfüllt werden können, solange der eigene Mangel nicht erkannt und angenommen wird.

Jeder Enttäuschung liegt eine Selbsttäuschung zugrunde. Beginne jetzt damit, offen zu deinen persönlichen Wünschen und Bedürfnissen zu stehen, ohne deren Erfüllung ausschließlich von deinem Partner zu erwarten. Wenn du diesen wichtigen Schritt hin zu dir selbst tust, hast du eine wesentliche Lektion dieser Tarotkarte gelernt.

Frage: *Welche Bereiche deiner eigenen Bedürftigkeit und deiner Erwartungen wagst du deinem Partner aus Angst vor Enttäuschung nicht zu zeigen?*

Anregung: *Schreibe eine Liste mit allen Erwartungen, die du deinem Partner gegenüber hast und eine zweite Liste mit allen Erwartungen, die du an dich selber stellst. Lies es deinem Partner vor und sprich mit ihm darüber. Versuche dabei vor allem zu ergründen, was hinter deinen Erwartungen steckt.*

Affirmation: *Ich stehe zu meinen Bedürfnissen und zeige sie offen.*

Sechs Kelche – Genuß (Pleasure)

Stichworte: *Sexualität; Lust; Genuß; Spaß an der körperlichen Liebe; emotionaler Austausch; Möglichkeit, Sex und Meditation zu verbinden.*

Die Sechs Kelche sind nach dem Prinzen der Kelche die zweite Karte der Kleinen Arkanen, die Sexualität in den Mittelpunkt rückt. Wenn du diese Karte gezogen hast, lädt sie dich ein, dich dem Reichtum der eigenen Emotionen, deiner Erotik und Sexualität hinzugeben. Wenn es möglich ist, genieße zusammen mit deinem Partner alle Variationen und Freuden, die der sexuelle Austausch für euch bereithält. Es gibt keinen Grund, dich durch irrationale Ängste oder moralisierende Bewertungen einzuschränken.

Was Sex zum wirklichen Genuß macht, beschränkt sich nicht allein auf die Dimensionen des körperlichen Austausches. Erst wenn Bewußtheit und Liebe hinzukommen, kann Sexualität zur höchsten Ekstase werden. Diese Form von vieldimensionalem Liebesspiel nähert sich früher oder später der Meditation.

Werdet immer wacher und bewußter, während ihr miteinander verschmelzt, und beobachtet, wie sich eure Sexualität allmählich verändert, wie sie stiller und dennoch intensiver wird, wie der körperliche Orgasmus langsam an Bedeutung verliert. Mehr als durch alles andere könnt ihr euch durch meditativen Sex heilen und transformieren. Bleibt eure Sexualität dagegen rein körperlich, dann werdet ihr euch früher oder später langweilen und das Interesse aneinander verlieren. Begebt euch auf den Weg, der immer tiefer führt und ständig spannender und ekstatischer wird!

Frage: *Gibt es etwas, das dich hindert, deine Sexualität mit deinem Partner voll zu genießen?*

Anregung: *Kauft euch ein Buch über Sexualität und Beziehung (siehe Literaturempfehlungen am Ende dieses Buches), und lest euch gegenseitig daraus vor.*

Affirmation: *Ich lebe meine Sexualität in Bewußtheit und Liebe.*

Sieben Kelche – Verderbnis (Debauch)

Stichworte: *Negativität; Übersättigung; »zuviel des Guten«; sexueller Überdruß; Langeweile; überspielte Enttäuschung.*

Etwas in deiner Beziehung ist »zuviel des Guten«. Wahrscheinlich klebt ihr schon zu lange und zu eng aneinander. Was auch immer dieses »zuviel« sein mag, es dient nur dazu, ein »zuwenig« an anderer Stelle zu überdecken: zu wenig Liebe, zu wenig Klarheit, zu wenig Selbstvertrauen.

Vor allem der Bereich eurer Sexualität ist von dieser emotionalen Störung betroffen. Sehr deutlich – oder auch unterschwellig – spürst du den Überdruß in jedem neuen Versuch, die frühere Leidenschaft und Frische heraufzubeschwören. Du brauchst jetzt wahrscheinlich eine Zeit des Alleinseins, wo du mit einem ausreichenden Abstand in Ruhe durchatmen kannst. Dadurch wird es dir möglich sein, die emotionale Realität eurer Beziehung erneut wahrzunehmen und den tatsächlichen Grad deiner sexuellen Anziehung zu spüren.

Die Störung in eurem Miteinander mag auch mit alten Enttäuschungen zusammenhängen, die du weggesteckt, jedoch noch längst nicht überwunden hast. Je mehr du aber Probleme mit dir und deinem Partner ausweichst, desto mehr Gift sammelst du in deinem Innern an.

Es ist höchste Zeit, daß du ehrlich mit dir selbst und dem Partner umgehst. Stelle dich dem, was dich verletzt hat, und zeige es offen. Nur so kannst du dich von den Schlacken des Giftes reinigen, das eure Beziehung über kurz oder lang zu zerfressen droht.

Frage: *Gibt es in deiner jetzigen Beziehung (oder gar in früheren) alte Enttäuschungen, die du deinem Partner noch nicht offen gezeigt hast?*

Anregung: *Prüfe, ob du ein wenig Abstand zu deinem Partner brauchst. Wenn ja, habe den Mut, ihn dir zu gewähren.*

Affirmation: *Ich reinige mich von allem, was die Beziehung zu mir selbst und meinem Partner stört. Ich stehe jetzt voll und ganz zu mir und meinen Gefühlen.*

Acht Kelche – Trägheit (Indolence)

Stichworte: *Stagnation; emotionaler Sumpf; Kraftlosigkeit, Energieverlust; Trägheit, Antriebsschwäche; Gleichgültigkeit; Dumpfheit; Lähmung; gegenseitiges Aussaugen.*

Die Acht Kelche zeigen, daß derzeit der Energiefluß zwischen dir und deinem Partner ins Stocken geraten ist. Die Flitterwochen sind längst vorbei. Die Emotionen, die euch einst zueinandergezogen haben und Quellen der Lust, des Genusses und der Intensität waren, sind jetzt abgestumpft und haben sich zu einem trägen, farblosen Nebeneinander entwickelt. Das Zusammensein mit deinem Partner erweckt in dir keine Lebensfreude mehr, wie dies früher vielleicht einmal der Fall war, sondern nimmt dir noch den letzten Rest deiner Energie und Tatkraft.

Vergeblich versuchst du immer wieder, eure Zweisamkeit zu beleben, doch deine gutgemeinten Anläufe finden keine Resonanz. Kraftlos und leer stehst du eurer emotionalen Stagnation gegenüber. Je mehr du versuchst, die festgefahrene Situation wiederzubeleben, desto niedergeschlagener fühlst du dich selbst. Dein Bemühen, den anderen aufzumuntern, versickert ergebnislos im abgestandenen Wasser der unausgedrückten Gefühle.

Es ist höchste Zeit, daß du dich auf deine Eigenständigkeit zurückbesinnst. Das bedeutet, dich klar abzugrenzen und zu lernen, »nein« zu sagen. Du hast bereits zuviel Energie an Menschen verschwendet, von denen nichts zu dir zurückfloß. Sie waren wie Fässer ohne Boden, die du mit deiner Zuwendung zu füllen hofftest.

Es mag ein altes Verhaltensmuster von dir sein, die eigene Liebe immer an Personen zu richten, von denen nichts zurückkommt. Du weichst damit deiner eigenen Angst vor dem Geliebtwerden aus. Deine Partner entsprechen immer deinen eigenen Strukturen. Auch sie vermeiden tiefe und wirkliche Nähe. Gleichzeitig hat jeder Angst vor dem Alleinsein. Viele Paare versumpfen miteinander, weil keiner der Partner gelernt hat, in sich selber Erfüllung zu finden.

Es geht jetzt für dich darum, die Lektion genau anzuschauen, die ihr miteinander zu lernen habt – und dann die Konsequenzen daraus zu ziehen. Vielleicht ist deine Beziehung nur der Rahmen für deine alten Selbstbeschränkungen: Dann trenne dich von deinem Partner. Vielleicht aber bietet dir genau dieser Partner die Chance, deine mechanischen Verhaltensmuster zu erkennen und darüber hinauszugehen: Dann erkenne, daß es deine eigene Unbewußtheit ist, die das Verhalten deines Partners mit beeinflußt hat. Auch in dieser jetzigen Situation gilt: Der andere ist nie verantwortlich!

Frage: *Welches sind die Situationen, in denen ihr euch gegenseitig lähmt und schwächt?*

Anregung: *Sage von jetzt an »nein« zu allem, was du nicht wirklich willst. Sprich mit deinem Partner über alles, wodurch du dich eingeschränkt und gehemmt fühlst.*

Affirmation: *Ich finde zu meiner Eigenständigkeit zurück. Jetzt habe ich den Mut, mich abzugrenzen und »nein« zu sagen.*

Neun Kelche – Freude (Happiness)

Stichworte: *Harmonie; Freude; Glückseligkeit; starke Ausstrahlung; Offenheit; Durchlässigkeit; freudiges Teilen.*

Du lebst in einem Freudenhaus, und zwar in einem echten. Zwischen dir und deinem Partner ist sehr viel mehr möglich, als nur die oberflächliche Berührung zweier Körper: in eurem Beisammensein entsteht Harmonie. Sobald ihr euren Energien und Gefühlen erlaubt, frei zu fließen, werden sie sich ergänzen und eine Melodie hervorbringen, wie sie nirgendwo sonst im Universum zu hören ist.

Wenn das der Fall ist, werden sich empfindsame Menschen zu euch hingezogen fühlen und sich mit euch und an euch freuen. Die Freude, wie sie in den Neun Kelchen aufgezeigt wird, zeigt eine Seinsqualität der Offenheit, des Feierns und des Teilens. Sie entspringt einer überströmenden Liebe, deren ekstatischer Ausdruck alle Menschen berührt, die dafür offen sind. Sie hat die Tendenz, andere miteinzubeziehen und anzustecken. Ohne einen ersichtlichen Grund im Außen kann sie in dir aufsteigen. Sie strebt nach Ausdruck und du fühlst dich, als könntest du die ganze Welt umarmen.

Tatsächlich zeigen die Neun Kelche den Austausch von Freude, die nicht nur auf einen Partner beschränkt bleiben darf. Das, was du mit einem geliebten Menschen erlebst, möchtest du auch mit vielen anderen teilen. Es wird zum Zustand deines Seins, von dem jeder empfangen kann, der offen ist. Alle Menschen, die mit dir gleichschwingen, werden diese deine Freude verstärken und vertiefen.

Frage: *Welche Glaubenssätze und Verhaltensweisen verhindern deine Freude, welche vermehren sie?*

Anregung: *Besuche mit deinem Partner Gruppen, in denen ihr mit anderen offenen Menschen eure Zweisamkeit teilen und feiern könnt.*

Affirmation: *Freude erfüllt mein Sein. Im offenen Austausch mit anderen Menschen finde ich meine Erfüllung.*

Zehn Kelche – Sattheit (Satiety)

Stichworte: *Erfüllung; Zufriedenheit; Teilen mit anderen Menschen; überfließende Liebe; Ausstrahlung.*

Der Lebensbaum mit den Zehn Kelchen zeigt einen Zustand der Erfüllung und Zufriedenheit, der Harmonie und Ausgeglichenheit. Die feurige, kriegerische Marsenergie ist mit der sanften Wasser-Energie der Fische auf vollkommene Weise verbunden.

Die Reibungen und Kämpfe, die in deiner Beziehung stattgefunden haben, waren nicht umsonst. Sie waren dazu da, eure Gegensätzlichkeiten auf fruchtbare und kreative Weise zusammenzuführen. Aus dieser Ergänzung entsteht eine neue Qualität des Miteinanders.

Die tiefe Öffnung füreinander befähigt euch, diese gemeinsam entwickelte Präsenz nun auch mit anderen Menschen liebevoll und großzügig zu teilen. Ihr solltet euch über den vertrauten Rahmen eurer Partnerschaft hinaus öffnen.

Jeder von euch hat in eurer Beziehung genügend innere Stärke gewonnen, um jetzt auch mit anderen Menschen liebevoll und mitfühlend, klar und kraftvoll, schwach und verletzlich sein zu können.

Es gibt nichts Bestimmtes zu **tun**, aber es gilt für dich, da, wo du gerade bist, voll und ganz zu **sein**. Die Liebe zu deinem Partner führt dich an eine allumfassende Liebe, die aus dem Vollen schöpft und keine Grenzen kennt.

Frage: *Welches sind die Gegensätzlichkeiten zwischen dir und deinem Partner, die euer Miteinander bereichern?*

Anregung: *Suche Gelegenheiten – mit oder ohne deinen Partner – wo du den in deiner Beziehung erlebten, emotionalen Reichtum auch mit anderen Menschen teilen kannst.*

Affirmation: *Ich strahle die Liebe aus, die ich bekommen habe.*

As der Schwerter (Ace of Swords)

Stichworte: *Klarheit; Ehrlichkeit; Direktheit; Kompromißlosigkeit; erweiterte Wahrnehmung; Makellosigkeit.*

Makellosigkeit und unbestechliche Klarheit sind die Attribute, die das As der Schwerter für die Grundqualität deiner Beziehung aufzeigt. Dies bedeutet für das Zusammensein mit deinem Partner eine große Chance, miteinander ins Reine zu kommen. Mit deiner derzeitigen Fähigkeit, die Dinge klar zu durchschauen, bist du in der Lage, die tiefen Zusammenhänge in eurer aktuellen Situation zu erfassen. Befreit von den Schleiern der Illusionen hast du den Mut, die Dinge so zu sehen, wie sie sind – und sie bei ihrem Namen zu nennen.

Die Aufgabe und Verantwortung, die dir daraus erwächst, ist nicht immer leicht. Erkenntnis der Wirklichkeit deckt falsche Illusionen auf und zerstört sie. Es wird unmöglich, weiterhin auf alten Wegen der Halbherzigkeit und Feigheit zu schreiten. Du kannst deinem Partner und dir selbst nichts mehr vormachen, ohne klar zu wissen, daß du dich damit gegen deine innere Wahrheit stellst.

Umso wichtiger ist es darauf zu achten, daß die Klarheit deiner Wahrnehmung im innigen Kontakt mit der Stimme deines Herzens, dem Raum deiner Liebe steht. So wirst du fühlen, wieviel dein Partner jetzt von dir annehmen kann. Das, was du ihm aus deiner Sicht mitteilst, ist dann frei von Vorwürfen und jedem Versuch, ihn zu manipulieren oder gar zu verletzen.

Klarheit wird mehr und mehr zu einer Grundqualität, die nicht nur deine Worte, sondern auch dein Verhalten und deine Ausstrahlung durchdringt. Sie umgibt dich wie ein Licht, das die Schatten der Unbewußtheit enthüllt und sie ihrer Scheinexistenz beraubt. Selbst wenn du jetzt Wahrheiten aussprichst, die für deinen Partner hart und schmerzhaft sind, kann deine liebevolle Ehrlichkeit für euch beide den Weg zu größerer Bewußtheit bahnen.

Frage: *Auf welche Weise bringst du deine Klarheit in eure Beziehung ein?*

Anregung: *Nutze diesen Zeitpunkt, um alles, was in deiner Beziehung unausgesprochen in der Luft liegt, auszusprechen und zu klären.*

Affirmation: *Liebevoll und offen teile ich meine Wahrnehmungen mit meinem Partner.*

Zwei Schwerter – Frieden (Peace)

Stichworte: *Frieden; Klarheit; Einsicht; Entscheidungskraft; Meditation; Zeit der Stille.*

Alle Sorgen und Konflikte, die dich in deiner Partnerschaft beschäftigen mögen, können nun ruhen. Eine große Klarheit, verbunden mit echtem inneren Frieden und tiefer Stille ist das Geschenk dieser Tarotkarte für deine Beziehung. Etwas in dir ist offen für jenen Zustand, den niemand herstellen kann, der sich manchmal in unerwarteten Momenten und Situationen einstellt. Oftmals geschieht dies mitten im Chaos deiner Gedanken und Emotionen – ein Moment des Anhaltens, der plötzlichen Besinnung und Klarheit. In diesem Zustand bist du nicht mehr in äußeren Ansprüchen verwickelt – du siehst die eigene Realität sowie die deines Partners in einem neuen Licht. Du trägst – wenn du diese Karte gezogen hast – eine große Bereitschaft zu einer solchen Erfahrung in dir.

Nicht immer wird es dir gelingen, deinen Partner an diesem Erlebnis teilhaben zu lassen. Aber auch das ist jetzt für dich kein Problem. Echter Frieden gewährt sich selbst und dem anderen Freiheit und auch den Raum, den jeder braucht, um selbst seine eigenen Erfahrungen zu machen. Wenn möglich, lade jedoch deinen Partner ein, mit dir zu meditieren. Ist er dazu bereit, so ist dies die angemessenste Form, dich ihm jetzt mitzuteilen. Gebt euch miteinander eine Zeit der Stille. Die Geschenke, die euch beiden daraus erwachsen, sind unermeßlich wertvoll.

Die Karte »Frieden« zeigt auch, daß in deiner Beziehung ein günstiger Zeitpunkt gekommen ist, um Entscheidungen zu treffen und – falls vorhanden – Spannungen zu klären. Du brauchst dabei nicht zu kämpfen. Deine innere Stärke und deine Intuition unterstützen diesen Prozeß. Hast du Zugang zu dir selbst, dann werden deine Entscheidungen inneren Frieden bewirken – und zwar auch und gerade dann, wenn durch dein Verhalten neue Bewegung in eure Beziehung kommt.

Frage: *Gibt es Entscheidungen, die jetzt in bezug auf deinen Partner zu treffen sind?*

Anregung: *Gib dir zusammen mit deinem Partner eine Zeit der Stille und Meditation. Sprich danach mit deinem Partner über alle Entscheidungen, die in eurer Beziehung anstehen.*

Affirmation: *Ich teile meine Klarheit und meinen inneren Frieden mit meinem Partner.*

Drei Schwerter – Kummer (Sorrow)

Stichworte: *Kummer; Sorgen; Verlustängste; Eifersucht; problematische Dreierbeziehung; Notwendigkeit zur Meditation.*

Deine Beziehung bereitet dir Kummer. Du machst dir Sorgen um eure gemeinsame Existenz. Dies kann viele Bereiche betreffen, die zur Zeit im Zusammensein mit deinem Partner belastet sind. Ein Aspekt ist jedoch bei dieser Karte besonders hervorzuheben: Die Angst, deinen Partner zu verlieren.

Solche Verlustängste haben häufig tatsächliche – sehr oft jedoch auch irrationale Gründe. Vielleicht hat sich dein Partner in der letzten Zeit innerlich von dir abgewandt, und du kämpfst verzweifelt um seine erneute Zuwendung. Oder eine dritte Person ist in eure Beziehung eingebrochen, stellt eure gewohnten Verhältnisse in Frage und rüttelt euch beide gründlich wach.

Im Zusammenhang mit der Angst, den anderen zu verlieren, wird das Thema Eifersucht aktuell und verlangt eine sorgfältige Auseinandersetzung. Da beinahe jeder Mensch früher oder später mit dieser Problematik konfrontiert wird, halten wir oft eifersüchtige Reaktionen für das Normale. Und mehr noch: Wenn ein Partner in einer solchen Situation anders als besitzergreifend reagiert, vermuten wir gleich, daß er uns dann nicht mehr richtig liebt. Liebe scheint nur dann echt zu sein, wenn sie versucht, den anderen an sich zu binden.

So wichtig es auch ist, die eigenen Gefühle der Eifersucht anzunehmen und voll und ganz zu ihnen zu stehen, so klar sollten wir doch gleichzeitig sehen, daß es niemals die Liebe ist, die den anderen festhalten will.

»Es ist nicht die Liebe, die eifersüchtig ist. Schau es dir an, beobachte es immer wieder ... Genau so, wie die Sonne nichts von Dunkelheit weiß, so weiß die Liebe nichts von der Eifersucht. Eifersucht ist Besitzergreifen, Haß, Wut, Gewalt, sie besteht aus tausenderlei Dingen – nur nicht aus Liebe. Weil alle diese Dinge so häßlich sind, können sie nicht ohne Maske bestehen.

Liebe ist nur möglich, wenn Meditation geschehen ist. Wenn du nicht weißt, wie du in deiner eigenen Mitte ruhen kannst, wenn du nicht weißt, wie du dich in deinem Sein ausruhen und entspannen kannst, wenn du nicht weißt, wie du alleine und selig sein kannst, dann wirst du niemals wissen, was Liebe ist.

Liebe erscheint als Beziehung, entsteht aber in tiefer Einsamkeit. Liebe drückt sich als Beziehen aus, ... aber die Quelle der Liebe ist Meditation.« (Bhagwan Shree Rajneesh: Liebe beginnt nach den Flitterwochen, Rajneesh Services Verlag, Köln).

Eifersucht ist nicht etwas, wofür man sich schämen sollte. Der Grad unserer Eifersucht zeigt uns, wie sehr wir dazu neigen, uns durch andere von uns selbst zu entfernen. Sie enthält daher die Aufforderung, uns auf uns selbst zurückzubesinnen.

Eifersucht wurzelt immer im Vergleich von sich selbst mit dem Rivalen. In dem Maße, wie wir uns selbst annehmen und lieben, verschwinden die Muster, die uns zu einem solchen Verhalten treiben. Im tiefen Wissen um den eigenen Wert wird uns selbst der Schmerz, den uns der Verlust eines wichtigen Menschen bereitet, zu mehr Bewußtheit führen: die Kraft dazu erwächst aus tiefer Selbstliebe.

Frage: *Wie gehst du mit deiner Eifersucht um?*

Anregung: *Sprich mit deinem Partner über deine Eifersucht. Beschreibe zunächst, wie sie sich für dich anfühlt. Erzähle dann von Situationen, in denen du eifersüchtig wirst. Und versuche schließlich gemeinsam mit deinem Partner, den Ursachen deiner Eifersucht auf die Spur zu kommen.*

Affirmation: *Indem ich meine Eifersucht annehme, finde ich zu mir selbst zurück.*

Vier Schwerter – Waffenruhe (Truce)

Stichworte: *Vorübergehender Rückzug; sich eigenen Raum nehmen; Warnung, schwelende Konflikte zu verdrängen.*

Bei dir und deinem Partner sind derzeit weder harte Kämpfe angesagt, noch großartige Liebesschwüre. Es ist jetzt vorrangig wichtig, sich gegenseitig Raum zu geben, damit jeder für sich alleine in Ruhe durchatmen kann. Statt überstürzte Entscheidungen zu treffen, solltest du dich zurückziehen in dein inneres Zentrum. Sobald du in dir selbst klar bist, kannst du auch Klarheit in deine Beziehung bringen.

Solch ein vorübergehender Rückzug hilft dir, deine Partnerschaft aus einem anderen Blickwinkel zu betrachten. Das mag manchmal ernüchternd sein, aber es erweitert auch deinen Horizont. Wenn du dich danach wieder mit deinem Partner triffst, ist in der Regel intensivere Nähe möglich, als wenn ihr ununterbrochen aneinander »geklebt« wäret.

Die Karte »Waffenruhe« weist darüberhinaus auch auf eine Gefahr hin. In jeder Beziehung gibt es zwischen den Partnern Vereinbarungen, ungeschriebene Verträge und Übereinkommen, die das bestehende Beziehungsgefüge stabilisieren und schützen. Diese können aber ebenso dazu benutzt werden, um Unstimmigkeiten und Konflikte unter den Teppich zu kehren. Daher enthält diese Karte die Warnung, unausgesprochene

Spannungen nicht im Untergrund schwelen zu lassen. Die Oberfläche erscheint mitunter in bester Ordnung, während darunter eine Zeitbombe tickt. Nur wenn diese rechtzeitig erkannt und entschärft wird, können destruktive Auseinandersetzungen vermieden und konstruktiv gewandelt werden.

Frage: *Gibt es in deiner Beziehung unausgesprochene Übereinkommen, die die Funktion haben, Konflikte zu vermeiden?*

Anregung: *Sprich mit deinem Partner offen über alles, was dich bedrückt, was du ihm bislang nicht mitzuteilen wagtest, über deine versteckten Ängste, deinen zurückgehaltenen Ärger, etc.*

Affirmation: *Durch Offenheit gelangen wir zur Klarheit.*

Fünf Schwerter – Niederlage (Defeat)

Stichworte: *Verlustangst; defensive Aggressivität; Flucht; Verstecken der wahren Gefühle; Angst vor Niederlage und Verrat.*

Du hast Angst zu verlieren – die Kontrolle, deinen Partner, dein Ego. Aus dieser Angst heraus schlägst du um dich oder ziehst dich in dein Schneckenhaus zurück. Gleichzeitig biegen sich deine Schwerter und deine Attacken richten sich gegen dich selbst. Du allein fügst dir jene Verletzungen zu, gegen die du dich so vehement zu verteidigen suchst.

Wer diese Karte zieht, kann sich z.B. mit dem Gedanken tragen, seinen Partner zu verlassen – aus lauter Angst, selber verlassen zu werden. Um den Schmerz zu vermeiden, willst du dem anderen zuvorkommen: Du läufst weg, ehe du weggejagt wirst, du schlägst zu, ehe du selbst geschlagen wirst; du gibst auf, ehe du dich vergeblich abmühst; du ziehst dich zurück, weil in deinen Gedanken die Niederlage allzu bedrohlich und unvermeidbar erscheint. Und bei alledem merkst du oft nicht, wieviel du dir selber nimmst, wie du langsam ausblutest.

Du könntest deine Energie auch kreativ nutzen, anstatt sie in deine Ängste zu stecken. Ob deine Befürchtungen berechtigt sind oder nicht, merkst du erst, wenn du etwas riskierst und dich dem Leben und deinem Partner stellst. Meistens wirst du dann erkennen, wie unbegründet deine Schreckensvisionen waren. Aber selbst, wenn du eine Niederlage einsteckst, kannst du sie mit Würde annehmen und von ihr lernen. Niederlagen sind nichts anderes als verkannte Siege.

Frage: *Was bedeutet für dich eine Niederlage in deiner Partnerschaft?*

Anregung: *Nehmt jeweils zwei Blatt Papier zur Hand. Schreibt auf das erste, womit euch der andere in letzter Zeit wehgetan hat. Dann notiert auf dem zweiten Blatt, womit ihr glaubt, dem anderen in letzter Zeit wehgetan zu haben. Wenn ihr damit fertig seid, lest euch das Geschriebene gegenseitig vor und sprecht darüber.*

Affirmation: *Ich zeige meinem Partner in Offenheit meine Ängste und Befürchtungen.*

Sechs Schwerter – Wissenschaft (Science)

Stichworte: *Kommunikationsbereitschaft; gegenseitige Inspiration; Gedankenkraft; Verständnis; fruchtbarer intellektueller Austausch.*

Die Karte »Wissenschaft« betont in einer Beziehung den gedanklichen Austausch. Dies ist als ein wertvoller Bereich des Miteinanders zu betrachten. Beide Partner können sich gegenseitig inspirieren und zu neuen interessanten Erkenntnissen gelangen.

Für eine Liebesbeziehung zwischen Mann und Frau ist jedoch diese Ebene allein auf Dauer unbefriedigend (wobei Ausnahmen die Regel bestätigen können). Ist euer Umgang allzu vernünftig, rational oder intellektuell, wird eure Beziehung mit der Zeit sicher etwas zu kühl und distanziert sein. Die Gedankenebene allein erfaßt nur bestimmte und letztendlich sehr beschränkte Bereiche. Lebendigkeit, Emotionalität und Körperlichkeit sollten immer auch einen angemessenen Raum erhalten.

Hast du jedoch das Gefühl, die gedankliche und verbale Auseinandersetzung mit deinem Partner kommt zwischen euch eher zu kurz, so ist diese Karte ein sehr positiver Hinweis, diesem Bereich mehr Aufmerksamkeit als bisher zu schenken.

Ihr mögt nicht immer gleicher Meinung sein, aber ihr könnt die Fähigkeit entwickeln, eure unterschiedlichen Sichtweisen auf einen gemeinsamen Punkt zu bringen. Die Gedanken des anderen können deine Vorstellungswelt bereichern. Ihr besitzt z. B. die Fähigkeit, eure gemeinsamen Prozesse analytisch zu durchleuchten und euch im gemeinsamen Verstehen tiefer kennenzulernen. Wenn ihr eure Sichtweisen zusammenfließen laßt, kann sich Neues und Größeres herauskristallisieren.

Um diesen Austausch zwischen dir und dem anderen auf tiefer Ebene zu finden, ist die Bereitschaft notwendig, dich in deinen Partner hineinzuversetzen und dir seine Gedanken anzuschauen, als wären es deine eigenen. Gleichzeitig solltest du offen dafür sein, deine Vorstellungen wachsen und sich verändern zu lassen. Laß dich von deinem Partner inspirieren – und du wirst an der Rose der Erkenntnis ganz neue Blütenblätter entdecken.

Frage: *Braucht deine Beziehung mehr Austausch auf gedanklicher Ebene?*

Anregung: *Nehmt euch zwei Stunden oder mehr, um euch total in den anderen hineinzuversetzen. Du spielst deinen Partner und er spielt dich. Handelt und sprecht so, wie ihr glaubt, daß es der andere jetzt auch tun würde. Während du dein Partner* *bist, sprich auch über Ängste und Sehnsüchte des Dargestellten. Am Ende sei wieder du selbst und sprich mit deinem Partner über das, was ihr erlebt habt. Ihr habt die Möglichkeit, in diesem Spiel sehr aufregende Erfahrungen zu machen.*

Affirmation: *Ich verstehe und werde verstanden.*

Sieben Schwerter – Vergeblichkeit (Futility)

Stichworte: *Zweifel; negative Erwartungen; Mutlosigkeit; Unsicherheit; Gefühl von Schwäche.*

Eben noch warst du völlig ruhig und klar, aber im nächsten Moment springen dich schon wieder deine Zweifel an, laut und kläffend, wie eine Hundemeute. »Hat sie mich wirklich lieb? Bin ich ihm tatsächlich genug? Wieso haben wir früher öfter als jetzt miteinander geschlafen?« etc. Während dir solche und ähnliche Gedanken durch den Kopf schießen, verlierst du den Blick für die Realität.

Du solltest deine Beziehung hier und jetzt annehmen, so wie sie ist, anstatt ständig darüber nachzudenken, was dann und dort passieren könnte. Zweifel und negative Erwartungen sind die einzigen Gefahren, die deiner Partnerschaft zur Zeit drohen. Du kannst diese Gefahren bannen, indem du aufwachst und die Wirklichkeit wahrnimmst.

Bist du dazu nicht bereit, so werden die destruktiven Kräfte deiner Gedanken über kurz oder lang tatsächlich jene Ereignisse herbeiführen, die du angeblich am meisten fürchtest.

Wenn du ganz tief und ehrlich in dich hineinschaust, mußt du erkennen, daß du niemals nur ein Opfer der Verhältnisse bist. Das sogenannte Negative suchst und erschaffst du dir selbst. Durch deine bewußten oder unbewußten Erwartungen ziehst du die entsprechenden Ereignisse an, weil du sie für deine Bewußtwerdung brauchst. Wenn du diesen einfachen

Sachverhalt verstehst, kannst du dich entspannen und voller Dankbarkeit akzeptieren, was immer das Leben dir gerade geben oder nehmen will.

Zweifel, die deine Beziehung betreffen, entspringen immer deinen tiefsten Selbstzweifeln. Durchleuchte also zuallererst dein Inneres, sonst besteht die Gefahr, dieselben enttäuschenden Erfahrungen in jeder neuen Beziehung zu wiederholen.

Frage: *Welche negativen Glaubenssätze liegen deinen Befürchtungen zugrunde?*

Anregung: *Sprich offen mit deinem Partner über alle deine Fragen und Zweifel. Prüft eure gemeinsame Realität. Sagt euch gegenseitig ehrlich alle geheimen Wünsche und Befürchtungen. Ist dies mit deinem Partner nicht möglich, so schreibe alles für dich auf.*

Affirmation: *Ich bekomme immer das, was ich am meisten brauche. Dankbar nehme ich an, was mir in meiner Beziehung geschenkt oder genommen wird.*

Acht Schwerter – Einmischung (Interference)

Stichworte: *Mißtrauen; Ambivalenz; Angst vor Fehlentscheidungen; Grübelei; Kopflastigkeit; Verunsicherung.*

Deine Partnerschaft ist zur Zeit sehr kopfbetont und deshalb für Störungen anfälliger als sonst. Euer gegenseitiges Mißtrauen wächst. Du wagst nicht, deinem Partner ehrlich gegenüberzutreten, und so mangelt es deinem Verhalten an Eindeutigkeit. Die Situation verlangt eine Entscheidung von dir, doch das ist es, was dir am meisten angst macht.

Du fühlst dich innerlich zerrissen und suchst verzweifelt nach einer Lösung. Doch je angestrengter du überlegst, desto unsicherer erscheint der Boden, auf dem du dich bewegst.

Solange du nur nachdenkst, anstatt deine innere Wahrheit zu fühlen, bleibst du in diesem Teufelskreis gefangen. Du kannst ihm nur entrinnen, wenn du deine Energie wieder mehr vom Kopf zum Herzen sinken läßt.

Der eigentliche Störfaktor in deiner Beziehung bist du selbst; es kann aber auch sein, daß sich tatsächlich jemand von außen »einmischt«. Vielleicht überlegt der eine, ob es mit der Ex-Freundin nicht eventuell besser wäre, oder der andere grübelt darüber nach, ob er vor kurzem eine Chance hat vorübergehen lassen ... Solche Gedankenspielereien, die schnell in Quälereien ausarten können, bringen die Beziehung nicht weiter. Die Karte »Einmischung« kündigt noch keinen Partnerwechsel an.

Du solltest die Dinge vorläufig besser ruhen und sich entwikkeln lassen. Möglicherweise ergeben sich bald ganz neue Aspekte, mit denen du jetzt noch gar nicht rechnest. Zur Zeit geht es nicht so sehr darum, Entscheidungen zu treffen, sondern zurückzufinden zu einer inneren Klarheit und Herzenswärme.

Frage: *Welcher Bereich in deiner Beziehung verlangt eine Entscheidung?*

Anregung: *Setzt euch voreinander hin, faßt euch bei den Händen und schaut euch an. Atmet zehn Minuten durch die Nase tief aus und ein und richtet den Atem in den Bauchraum. Haltet dabei ständig Blickkontakt! Nach zehn Minuten laßt euren Körpern Raum, sich unkontrolliert zu bewegen. Tauscht dann eure Erfahrungen aus, ohne zu interpretieren oder zu bewerten.*

Affirmation: *Ich entspanne mich und finde zu meiner Klarheit.*

Neun Schwerter – Grausamkeit (Cruelty)

Stichworte: *Selbsthaß; Stichelei; Rücksichtslosigkeit, Brutalität, Grausamkeit, Sadismus; Rachegelüste; Gemeinheit, Hinterhältigkeit; Bestrafungsaktionen; Selbstquälerei.*

»Achtzig Prozent aller Beziehungen werden eingegangen, um sich am anderen zu rächen«. Diese These der Reinkarnationstherapeutin Chris Griscom ist – jedenfalls derzeit – auch für deine Beziehung bedeutsam. Die Neun Schwerter zeigen die Tendenz, deinem Partner und dir selbst weh zu tun – und zwar in einem Ausmaß, an dem über kurz oder lang eure Beziehung scheitern könnte.

Grausamkeit in Beziehungen zeigt eine Tendenz, sich selbst vehement gegenüber seinem Partner herunterzumachen. Dies erhält seinen Ausdruck in vielen Formen von Selbstquälerei, Selbstanklagen und Selbstbestrafung. Ebenso häufig wird der Haß auf sich selbst jedoch nach außen projiziert – auf den Partner –, sofern dieser sich dazu anbietet. Dann erhält der andere die Funktion des Sündenbocks, der mit Vorwürfen, Sticheleien und Beschimpfungen überhäuft wird. Dies führt nicht selten zu den brutalsten Formen physischer und seelischer Gewalt.

Wenn du diese Karte in bezug auf deine Partnerschaft gezogen hast, wirst du selber herausfinden, ob sie sich auf deinen eigenen Selbsthaß bezieht, oder auf die Grausamkeit, die du nach außen gibst bzw. von außen empfängst. In der Regel sind in unterschiedlicher Gewichtung alle diese Ebenen gleichzeitig beteiligt.

Oft sind es alte Wunden, in die du stichst oder gestochen wirst. Du bestrafst dich, wie es deine Eltern mit dir getan haben, oder du läßt jene Schwerthiebe auf deinen Partner niedersausen, die eigentlich für Vater und Mutter bestimmt waren.

Es kommt jetzt für dich darauf an, deine Schmerzen zu spüren, und sie deinem Partner zu zeigen. Darüber hinaus solltest du lernen, die Muster zu durchschauen, die deinem grausamen und selbstquälerischen Verhalten zugrunde liegen. Nur so kann sich etwas ändern. Zweisamkeit in Verbindung mit Grausamkeit führt immer zu Destruktion und Vereinsamung.

Sollte dich diese Karte in bezug auf deine jetzige Beziehungssituation überraschen, so überprüfe die subtilen Ebenen deiner Selbstverneinung. Grausamkeit muß sich nicht immer offensichtlich und dramatisch zeigen. Es mag wichtige Bereiche in dir bzw. zwischen dir und deinem Partner geben, die du dir nicht gerne anschauen möchtest, oder wo es dir schwer fällt, zu vergeben.

Frage: *Hast du dir selbst, deinen Eltern, deinem jetzigen und deinen früheren Beziehungspartnern für aktuelle und vergangene Fehler verziehen?*

Anregung: *Nehmt euch dreißig Minuten Zeit und schreibt alles auf ein Blatt Papier, was ihr an euch selbst und an eurem Partner negativ findet. Danach lest euch das Geschriebene vor und sprecht darüber.*

Affirmation: *Ich vergebe mir und anderen für aktuelle und vergangene Fehler, indem ich sie erkenne und verstehe.*

Zehn Schwerter – Untergang (Ruin)

Stichworte: *Angst vor Wahnsinn; Selbsthaß; Zusammenbruch von Illusionen; zerstörte Beziehung; Eindruck von Sinnlosigkeit; Wunden; Ende.*

Wenn du die Zehn Schwerter ziehst, dann sind Ausdrücke wie »Wahnsinns-Angst« oder »ich werd' noch wahnsinnig mit dir« tatsächlich mehr als nur Floskeln. Diese Karte spiegelt deine ganze Negativität, deinen Selbsthaß, deine Angst vor Wahnsinn.

Die Bereiche deiner Beziehung, die auf Illusionen aufgebaut waren, verlieren jetzt ihre Tragfähigkeit und brechen auseinander wie Kartenhäuser. Du hast erhebliche Angst, dir dies einzugestehen, weil du den totalen Untergang im Chaos eurer gemeinsamen unbewußten Lügen befürchtest.

In deiner Beziehung ist ein absoluter Tiefpunkt erreicht. Eure Herzen sind verletzt und keiner von euch beiden sieht einen Ausweg aus dem Scherbenhaufen, der von euren Idealen übriggeblieben ist. Aus dem Paradies eurer Zweisamkeit ist eine öde, leere Wüstenlandschaft geworden. An diesem Punkt entscheiden sich viele Paare für eine der beiden folgenden Möglichkeiten: Sie trennen sich, oder sie arrangieren sich und vegetieren in einer Beziehungswüste dahin – wie Kakteen, anspruchslos und voller Stacheln.

Es gibt jedoch noch eine dritte Möglichkeit: Ihr könnt den jetzt erreichten Tiefpunkt gemeinsam durchschreiten. Dazu braucht ihr aber Mut zum Risiko und zur Ehrlichkeit. Ihr müßt wieder lernen, verletzlich zu sein und euch diese Verletzlichkeit auch zu zeigen. Und ihr müßt lernen, eure Ängste anzuschauen und als das zu erkennen, was sie sind: Projektionen. Geh' ganz nah an die Leinwand mit deinen Horrorbildern heran, und du wirst sehen, daß da in Wirklichkeit nur eine weiße, unschuldige Fläche ist. Aus dem Untergang kann auch Tiefgang werden – wenn ihr bereit seid, »Ja« zu sagen: »Ja« zum Leben, »Ja« zu eurer Angst, und »Ja« zu eurer Liebe.

Frage: *Welches sind die Illusionen in deiner Beziehung, deren Tragfähigkeit jetzt ins Wanken gerät?*

Anregung: *Redet einen oder mehrere Tage lang kein Wort mehr miteinander und auch möglichst wenig mit anderen Menschen. Wann immer du in dieser Zeit eine Angst spürst, schreibe sie auf. Nach einigen Tagen lest euch eure »Angst-Zettel« vor, sprecht darüber und auch über alles andere, was euch in der Zwischenzeit widerfahren ist.*

Affirmation: *Ich bin jetzt bereit, meine Illusionen zu erkennen und fallenzulassen.*

As der Scheiben (Ace of Disks)

Stichworte: *Innerlich und äußerlich reich; Erfüllung; großer Erfolg; innere Stärke; gemeinsames Wachstum; Vereinigung von Materie und Geist, Körperlichkeit und Spiritualität.*

Zwischen dir und deinem Partner ist derzeit eine Vereinigung möglich, die weitaus umfassender ist, als ihr das bisher angenommen habt. Körperlichkeit und Spiritualität, Liebe und Stille, Yin und Yang – all das könnt ihr jetzt in vollkommener Harmonie miteinander verschmelzen lassen.

Das As der Scheiben zeigt eine Zeit der umfassenden Erfüllung für dich und deine Beziehung. Die materiellen und geistigen Ebenen verbinden sich zu einem harmonischen Ganzen. Innerer und äußerer Reichtum, ein Zustand von Natürlichkeit und unbegrenztem Sein, kann jetzt das Zusammensein mit deinem Partner charakterisieren. Es ist eine Zeit des Feierns, des Genießens, der Erfüllung auf allen Ebenen.

Eure Beziehung steht auf einer soliden Grundlage. Selbst Krisen oder Konflikte werden euch nicht wirklich erschüttern, sondern nur dabei helfen, alles Überflüssige abzuschütteln und noch weiter in die Tiefe zu gehen. Ihr habt die Möglichkeit, zu einer neuen Bewußtseinsebene zu gelangen.

In der Verbindung mit deinem Geliebten kommt deine innere Schönheit mehr und mehr zum Vorschein. Die Gegenwart deines Partners fördert die Entfaltung deines eigenen Potentials und trägt dazu bei, deinen Fähigkeiten und Stärken Ausdruck zu verleihen.

Ganz allgemein sind in eurer Beziehung jetzt alle Voraussetzungen dafür geschaffen, daß ihr nach innen immer intensiver und nach außen immer freier werden könnt. Gemeinsame Projekte aller Art versprechen großen Erfolg – egal, ob es ums Geldverdienen geht oder um den Besuch einer spirituellen Wachstumsgruppe. Ihr habt euch gefunden, um euch gegenseitig bei der vollen Entfaltung eures inneren und äußeren Reichtums zu unterstützen.

Frage: *In welchen Bereichen eures Miteinanders erlebst du am meisten Erfüllung? Wie könnt ihr dies auch auf weitere Bereiche übertragen?*

Anregung: *Fahrt an einen Ort, wo ihr schon immer einmal hinwolltet und verbringt dort ein Liebeswochenende. Oder: Besucht gemeinsam die Einführungsgruppe »Innerlich und äußerlich reich« (siehe Hinweis am Ende des Buches).*

Affirmation: *Im Zusammensein mit meinem Partner entfalte ich meinen inneren und äußeren Reichtum.*

Zwei Scheiben – Wechsel (Change)

Stichworte: *Neue Unternehmungen; innere und äußere Veränderung, Wechsel; selten: Partnerwechsel; gemeinsame Fortschritte, Verwandlung.*

Jede Beziehung kann nur dann »blühen« und lebendig sein, wenn die Partner offen sind für ständigen Wandel, für neue Anregungen, für Infragestellungen, für grundlegende Veränderungen.

Laß es geschehen, daß sich etwas verändert. Wenn du diese Karte ziehst, dann ist ein Zeitpunkt gekommen, wo du für Neues in deiner Beziehung offen bist. Falls du keinen Partner hast, sei jetzt bereit, einem zu begegnen.

Bist du bereits eine Beziehung eingegangen, sei bereit dafür, mit deinem Partner in neue Bereiche eures äußeren und inneren Miteinanders vorzudringen. Diese können in seltenen Fällen in Gestalt eines anderen Partners auf dich zukommen. Meist aber vollzieht sich der »Wechsel« innerhalb einer schon bestehenden Beziehung – und zwar auf eine im Wortsinne »grundlegende« Art und Weise.

Das kann heißen, daß ihr eine gemeinsame Wohnung sucht, daß ihr bereit seid, ein gemeinsames Arbeitsprojekt anzugehen, daß ihr zusammen auf Reisen geht, oder ihr auf andere Weise Veränderung in eurer Beziehung herstellt. Tatsächlich suchen wir die äußere Veränderung, um die innere Verwandlung zu unterstützen. Geht dies nicht zusammen, so wird euch früher oder später die Suche nach äußeren Veränderungen unbefriedigt und leer zurücklassen. Laßt den Wechsel zu einem soliden Fundament für euer inneres und äußeres Wachstum werden, zu einem Flugplatz, von dem aus ihr zu neuen Höhenflügen starten könnt.

Frage: *Worin bestand die letzte größere Veränderung in der Beziehung zu deinem Partner?*
Welche Vorstellung von Veränderung macht dir am meisten angst?

Anregung: *Setze dich mit deinem Partner zusammen. Schließt beide die Augen und stellt euch – jeder für sich – vor, welche Veränderung in eurer Beziehung zur Zeit die größte Herausforderung wäre. Nach einiger Zeit öffnet wieder die Augen und erzählt euch eure Vorstellungen, Phantasien und Ängste. Tauscht euch darüber aus, was ihr davon umsetzen möchtet.*

Affirmation: *Ich bin offen für innere und äußere Veränderungen in meiner Partnerschaft.*

Drei Scheiben – Arbeit (Works)

Stichworte: *Beziehungsarbeit; Auseinandersetzung mit dem All-tag; Aufräumen, Klarheit schaffen; allmählicher Fortschritt.*

Wenn du in deiner Partnerschaft in die Tiefe gehen willst, dann mußt du dich voll und ganz einlassen – und dies betrifft auch die Beziehungsarbeit im Alltäglichen. Eine tiefe Beziehung beinhaltet nicht nur heiße Nächte am Wochenende, sondern auch Konflikte und Sorgen, Mißverständnisse, Streit und Ärger.

Die drei Scheiben sind eine Aufforderung, dich auch mit den schwierigen Seiten deines Partners auseinanderzusetzen. Laßt euch vom Alltag und von auftauchenden Problemen nicht einfach überwältigen, sondern versucht, sie bewußt zu erkennen und zu klären. Gemeinsame Meditationen zu bestimmten Zeiten können euch dabei ebenso helfen, wie regelmäßige Gespräche über alle Bereiche, die euch Schwierigkeiten bereiten.

Das, was jetzt in deiner Beziehung zu bearbeiten ist, verlangt den vollen Einsatz deiner geistigen, körperlichen und seelischen Kräfte. Wenn du dich voll und ganz darauf einläßt, wirst du durch den sich allmählich einstellenden Fortschritt reichlich entschädigt. Es ist keine Zeit, um große Sprünge zu machen, sondern es geht vielmehr um deine Verpflichtung, dich für die Klarheit einzusetzen, die jetzt im Zusammenleben mit deinem Partner notwendig wird. Oftmals magst du dies als anstrengend und mühevoll empfinden. Doch wenn du jetzt den Erfordernissen des Augenblicks deine ungeteilte Aufmerksamkeit schenkst, so wird das, was du säst, früher oder später als reichliche Ernte zu dir zurückkommen. Gehe Schritt für Schritt weiter und berücksichtige alle Notwendigkeiten, die das Leben jetzt von dir in deiner Beziehung verlangt.

Die Mühe, die du dir mit deinem Partner gibst, lohnt sich. Das Leben und die Liebe können nur dann blühen, wenn zuvor der Boden dafür bereitet wurde.

Frage: *Bist du innerlich bereit, auch die schwierigen und alltäglichen Seiten deiner Beziehung anzunehmen?*

Anregung: *Praktiziere gemeinsam mit deinem Partner die »Dynamische Meditation« (Kassette erhältlich im Buchhandel).*

Affirmation: *Indem ich mich auf alle Dimensionen unserer Beziehung einlasse, komme ich mir und meinem Partner näher.*

Vier Scheiben – Macht (Power)

Stichworte: *Machtspiele, Kraftproben; erstarrte Strukturen; Unterdrückung; Schutzmauer; Zuverlässigkeit, Stärke; aufeinander »bauen« können.*

In vielen Beziehungen sieht es so aus, als ob der eine Partner den anderen mehr liebte, als umgekehrt. Der eine wirkt vielleicht stark und unabhängig, der andere eher schwach und bedürftig. Wenn es in deiner Beziehung einen Stärkeren und einen Schwächeren gibt, dann sind aus euren Liebesspielen längst Machtspiele geworden. Diese Karte fordert dich auf, diese Machtspiele zu sehen und loszulassen. Höre auf, deinen Partner unter Druck zu setzen – sei es, indem du ihn herumkommandierst, sei es, indem du jammerst oder den Hilflosen spielst.

Das Thema der Vier Scheiben ist die Auseinandersetzung mit Macht oder auch ganz allgemein mit Strukturen, die sich im Laufe eures Miteinanders ausgeprägt haben. Als eine Karte, die dem Erdelement zugeordnet ist, bezieht sie sich vorwiegend auf die materielle Ebene. Dies betrifft das Zusammenleben in Haus und Familie, sowie die Regelung finanzieller Angelegenheiten.

Gerade in diesen fundamentalen Bereichen ist offene oder subtile Machtausübung äußerst geläufig. Wenn du diese Karte für die Realität deiner Beziehung gezogen hast, prüfe sorgfältig, ob ihr euch gegenseitig durch ökonomische Bindungen und Zwänge unter Druck setzt oder manipuliert.

Gewisse Strukturen sind erforderlich, wenn ihr miteinander lebt; achtet jedoch darauf, daß diese offen bleiben für mögliche Veränderungen und nicht zu starren Prinzipien werden. Die Sicherheit, die du anstrebst, darf auf keinen Fall auf Kosten von Lebendigkeit und Freiheit erkauft werden. Ansonsten besteht die Gefahr, daß deine eigenen vier Wände zu den Mauern deines Gefängnisses werden.

Macht in Verbindung mit Liebe hat jedoch auch ihre positiven Seiten. Sie zeugt von einem großen Energiepotential, das in eurer Beziehung liegt. Wenn ihr Angst und Mißtrauen überwindet – und die daraus resultierenden Ansprüche fallen laßt –, dann könnt ihr zusammen sehr viel Stärke entwickeln. Ihr könnt euch aufeinander verlassen und euch gegenseitig unterstützen, so daß auch andere Menschen sich in eurer Nähe wohl und geborgen fühlen.

Frage: *Gibt es in deiner Beziehung erstarrte Strukturen, mit denen ihr euch gegenseitig unterdrückt?*

Anregung: *Prüfe, auf welche Weise du deinen Partner dominierst bzw. dich von ihm unter Druck setzen läßt. Du hast zehn Minuten, um deinem Partner alles ins Gesicht zu sagen, was dich an ihm stört oder ärgert, um ihn anzuschreien und zu beschimpfen. Danach wechselt, und am Ende tauscht euch aus. Die Übung endet damit, daß ihr euch voreinander verneigt und euch gegenseitig vergebt.*

Affirmation: *Ich stelle meine Macht in den Dienst der Liebe.*

Fünf Scheiben – Quälerei (Worry)

Stichworte: *Festgefahrene Beziehung; Grübelei; offene oder versteckte Vorwürfe; Schuldgefühle; Routine, Langeweile, dumpfes Nebeneinander; Schwerfälligkeit; blockierte Kommunikation.*

In eurem Miteinander ist die Ebene der Kommunikation und des gemeinsamen Austausches erheblich blockiert. Du magst die Empfindung haben, deinem Partner nicht mehr alles in der Weise mitteilen zu können, wie es in der Vergangenheit vielleicht möglich war.

Etwas steht zwischen euch und müßte offen angesprochen und geklärt werden. Möglicherweise ist es dir selbst noch nicht ganz bewußt, worum es sich handelt. Tief in dir ahnst du jedoch bereits, welche Bereiche davon betroffen sind. Vielleicht hindern dich unbewußte Schuldgefühle und Ängste, diese klar zu erkennen und deinem Partner mitzuteilen. Du fühlst dich isoliert, und anstelle des offenen Austausches quälst du dich mit Selbstvorwürfen und Grübeleien.

Du mußt dir eingestehen, daß eure Beziehung langweilig und alltäglich geworden ist, und daß sie zu zerbrechen droht. Sicher, es kann auch sein, daß du es in diesem Beziehungssumpf noch lange aushältst; ein bewegtes oder gar glückliches Leben wirst du jedoch darin nicht finden. Wenn du ganz ehrlich zu dir bist, weißt du selbst, daß es so nicht weitergeht.

Die einzige Chance, die du hast, besteht darin, ehrlich und ohne falsche Rücksicht mit deinem Partner zu kommunizieren – so schwer dir das auch erscheinen mag. Sprecht euch aus und haltet dabei nichts zurück. Mache dich jetzt bereit, nach neuen Wegen zu suchen und sei offen dafür, diese Wege mit oder ohne deinen bisherigen Begleiter zu gehen.

In jedem Fall ist es jetzt wichtig, aktiv zu werden und die Initiative zu ergreifen. Wenn du das Risiko eingehst, alte Beziehungsstrukturen loszulassen, kann das Problem deiner jetzigen Situation zur Chance für deine Befreiung werden.

Frage: *Welchen bedrückenden Bereich in deiner Beziehung wagst du nicht mit deinem Partner zu klären?*

Anregung: *Mach mit deinem Partner zusammen eine aktive Meditation, z. B. die »Dynamische«. Danach setzt euch zusammen und redet über alles, was bisher unausgesprochen zwischen euch gestanden hat.*

Affirmation: *Ich bin jetzt bereit, offen und ehrlich zu mir und meinen Bedürfnissen zu stehen.*

Sechs Scheiben – Erfolg (Success)

Stichworte: *Erfolg; glückversprechende Aussichten; Harmonie; reiches gemeinsames Potential.*

Das Zusammensein mit deinem Partner verspricht Erfolg auf allen Ebenen. Der innere Reichtum, der euch verbindet, kann sich jetzt mühelos auch in vielen äußeren Bereichen manifestieren. Gemeinsame Unternehmungen versprechen eine glückliche Vollendung. Alles was ihr jetzt in Angriff nehmt, erhält die Unterstützung des Ganzen. Die sechs Planeten treten euch als Ratgeber zur Seite:

Saturn: Akzeptiert auch in Phasen des Erfolgs die bestehenden Strukturen, sofern sie euch helfen, im Überschwang der ersten Freude in eurer Mitte zentriert zu bleiben.

Jupiter: Das ist erst der Anfang! Der Erfolg mit deinem Partner zeigt an, daß der Erweiterung eures Glücks keine Grenzen gesetzt sind.

Venus: Laßt euch von eurem Herzen führen. Anmut, Schönheit und emotionaler Austausch sollen euren gemeinsamen Weg begleiten.

Mond: Wenn ihr eurer Intuition vertraut und das gemeinsame Streben dem Urgrund eurer Empfindungen entspringt, wird der Erfolg im Außen auch euer Inneres befriedigen und erfüllen.

Merkur: Seid offen im Austausch eurer Ideen und Gedanken; teilt euren Reichtum großzügig mit anderen.

Mars: Zögert niemals das zu tun, was aus eurem Innersten erwächst. Seid bereit, inneren Widerständen furchtlos entgegenzutreten. Macht keine faulen Kompromisse. Bestehende Konflikte können jetzt leicht überwunden werden.

Du erlebst im Zusammensein mit deinem Partner eine Harmonie, die deinem inneren Wesen entspricht. Diese Freiheit von Spannungen und Störungen solltet ihr dankbar annehmen und genießen. Indem ihr diesen Erfolg achtsam entgegennehmt, schafft ihr in euch die Voraussetzungen zu jener Offenheit, die weiterhin die Geschenke der Existenz anziehen wird.

Frage: *Gibt es etwas, was du jetzt mit deinem Partner in Angriff nehmen möchtest?*

Anregung: *Teile deinem Partner deine Ideen und Pläne mit. Die Chancen für gemeinsames Gelingen stehen gut.*

Affirmation: *Dankbar genieße ich das Geschenk unseres Erfolges.*

Sieben Scheiben – Fehlschlag (Failure)

Stichworte: *Verlustangst; Angst zu versagen; fehlendes Selbstvertrauen; Hemmung; negative Erwartungshaltung; verdrängte Ängste.*

Die Angst vor einem Fehlschlag mit deinem Partner bezieht sich vor allem auf die körperlich-materielle Ebene. Entsprechend der aktuellen Situation kann sie unterschiedliche Bereiche berühren. Sie zeigt vielleicht die Angst vor dem Versagen in eurer sexuellen Begegnung, die Angst, für den Partner nicht attraktiv genug zu sein, ihn nicht befriedigen zu können, Befürchtungen von Impotenz bzw. Frigidität. Darüberhinaus weist die Karte sehr häufig auf allgemeine Verlustängste hin.

Eine physische Trennung vom Partner würde den Verlust emotionaler Nahrung und Unterstützung mit sich bringen, und – sofern die materielle Ebene geteilt wird – auch den Verlust der bisherigen ökonomischen Lebensgrundlage. Du befürchtest vielleicht auch einen Fehlschlag in gemeinsamen Geschäften oder Unternehmungen, oder bist um Gesundheit und Vitalität besorgt.

Wenn zwischen dir und deinem Partner wirklich Liebe fließt, weshalb hast du dann Angst, zu versagen oder irgendwelchen Ansprüchen nicht zu genügen? Die Basis einer tiefgehenden Beziehung ist Vertrauen und genau daran mangelt es dir momentan. Du solltest dir gemeinsam mit deinem Partner anschauen, wovor du bzw. wovor ihr beide Angst habt, welches deine (eure) schlimmsten Befürchtungen sind. Sagt euch dann gegenseitig, wie real die negativen Erwartungen des anderen tatsächlich sind. Macht euch dabei bewußt, daß unerwünschte Ereignisse deshalb eintreffen, weil ihr sie erwartet und anzieht. Ihr könnt das leicht nachprüfen, indem ihr schlimme Erlebnisse aus eurer Vergangenheit betrachtet und euch dabei vor allem daran erinnert, was ihr vor diesen Ereignissen gedacht, gefühlt und getan habt.

Sobald du deine Ängste erkennst und verstehst, kannst du sie auch loslassen und durch positive Erwartungen ersetzen. Ob du einen Partner hast oder nicht, für dich geht es jetzt vor allem darum, dein Selbstvertrauen zu stärken – z.B. durch Affirmationen. Wenn dir das gelingt, kann aus der Angst vor einem Fehlschlag sehr schnell die Freude am Erfolg werden.

Frage: *In welchen Bereichen mißtraust du dir bzw. deinem Partner? In welchen Angelegenheiten hast du Angst, zu versagen?*

Anregung: *Fallübung: Legt eine Matratze auf den Boden. Einer von euch stellt sich mit dem Rücken zur Matratze hin, atmet tief*

durch und spürt die Angst, die er jetzt bereit ist, loszulassen.
Warte ab, bis wirklich der Punkt da ist, an dem du loslassen
kannst – dann laß dich nach hinten auf die Matratze fallen. Laß
dabei auch deine Stimme los. Der Partner steht seitlich hinter
dem Fallenden und fängt ihn kurz vor dem Boden auf.

Affirmation: *Meine Liebe und mein Selbstvertrauen verleihen
mir die Kraft, die ich brauche, um die Herausforderungen des
Lebens zu meistern.*

Acht Scheiben – Umsicht (Prudence)

Stichworte: *Sensibilität; Zartheit; Aufmerksamkeit; Rücksicht;
liebevolle Zuwendung; inneres und äußeres Erblühen.*

Die Zeit der Mühe und Anstrengungen ist zumindest vorläufig
vorbei, jetzt blüht das Leben – allerdings auf eine sehr stille
und zarte Weise.

Es ist alles da, was du für eine erfüllte Liebesbeziehung
brauchst. Je mehr du entspannst und dem vertraust, was euch
verbindet, desto ungestörter kann sich das entfalten, was die
Schönheit eurer Beziehung ausmacht. Geh sanft und liebevoll
mit dir und deinem Partner um. Egal, wie lange ihr schon
zusammen seid – eure Beziehung ist ein zartes Bäumchen, das
gerade jetzt besonders umsorgt sein will.

Wenn du in dem Garten spazierengehst, wo dieses Bäumchen steht, dann laß dein inneres Trampeltier draußen. Laß
dich die Knospe sanft küssen und ihren Duft einatmen, als
würdest du sie zum ersten Mal riechen und berühren. Gib
deinem Partner Zuwendung, auch bei den kleinen Dingen des
Alltags. Vielleicht stellst du ihm eine weiße Lilie ins Zimmer,
oder lädst ihn zum Essen ein oder schenkst ihm ein gutes Buch.

Wenn ihr achtsam und umsichtig miteinander seid, könnt ihr
die Voraussetzung für gemeinsames Wachstum schaffen. Und

vielleicht wird aus eurem zarten Beziehungsbäumchen dann eines Tages ein Prachtbaum – wie jener, unter dem Buddha einst erleuchtet wurde.

Frage: *Gönnst du dir und deinem Partner den Schutzraum, der für das Erblühen eurer Beziehung erforderlich ist?*

Anregung: *Nehmt euch einen Tag, an dem ihr von niemandem gestört werdet und seid ganz füreinander da.*

Affirmation: *Ich entspanne, lasse los und vertraue.*

Neun Scheiben – Gewinn (Gain)

Stichworte: *Gewinn durch Dreierbeziehung; Überwindung von Besitzansprüchen; offenes Geben und Empfangen; Vereinigung von Liebe, Kreativität und geistigem Austausch.*

Die rosarote Scheibe im Zentrum dieser Karte durchstrahlt die grüne und die blaue, so daß diese drei zu einer Einheit verschmelzen. Die Neun Scheiben stehen allgemein für die positiven, gewinnbringenden Aspekte von Dreierbeziehungen (vergleiche Ausführungen in »Tarot – Spiegel der Seele«).

Aufgrund von Eifersucht und Besitzansprüchen werden Dreiecksverhältnisse – in denen drei Menschen gleichzeitig und gleichwertig in intensiver Beziehung zueinander stehen – eher als problematische Situation betrachtet. Für die meisten Menschen ist es jedoch sehr natürlich, zu mehr als einem Partner eine intensive und umfassende Anziehung und Verbindung zu haben.

Eine Dreierbeziehung zu leben, verlangt von allen Beteiligten eine gewisse Reife und die Fähigkeit zum meditativen Miteinander. Werden diese Voraussetzungen entwickelt, so kann das Dreieckverhältnis – wie im Fall von Harris, Crowley und Regardie – eine äußerst fruchtbare und gewinnbringende Verbindung sein.

Die Karte Gewinn weist darauf hin, daß dies auch für dich und dein Leben möglich wäre. Auch und gerade in Dreiecksbeziehungen kannst du gewinnen. Damit ist aber nicht der Sieg im Kampf um diese Frau oder jenen Mann gemeint. Gewinn bedeutet ganz einfach, daß du umso mehr bekommst, je mehr du von deiner Liebe teilst. Dieses Geben muß aber um seiner selbst willen geschehen, und das heißt: Du beschränkst es nicht auf einen Menschen und du gibst auch dann, wenn dein Partner nicht nur von dir empfängt, sondern auch noch von jemand anderem.

Dreierbeziehungen sind mitunter problematisch und schmerzhaft, und doch bieten sie allen Beteiligten eine große Chance. Die Bereicherung, die zwei Menschen mit einem Dritten erfahren, wirkt sich in der Regel gewinnbringend auf ihre Beziehung aus.

Ein positives Dreiecksverhältnis kann auch entstehen, wenn ein Paar sich entschließt, ein Kind zu empfangen. Diese Karte ist noch keine Aufforderung Kinder zu zeugen, aber sie kann darauf hinweisen, sich mit Vater- und Mutterschaft auseinanderzusetzen, vor allem, wenn bereits ein Kind da ist.

Vielleicht fühlst du dich aber auch wohl in einer Beziehung, die sowohl monogam als auch kinderlos ist. Dann sagt diese Karte: »Achte darauf, daß in deiner Beziehung drei wichtige Elemente in Einklang sind: Liebe, Kreativität und geistiger Ausdruck.

Frage: *Hast du in deinem bisherigen Leben Erfahrungen mit Dreierbeziehungen? Was waren deren gewinnbringende Aspekte?*

Anregung: *Sprich offen mit deinem Partner über die Menschen, die du außerhalb eurer Beziehung attraktiv und anziehend findest.*

Affirmation: *Ich teile meine Liebe in Offenheit und Ehrlichkeit. Je mehr ich gebe, desto mehr gewinne ich.*

Zehn Scheiben – Reichtum (Wealth)

Stichworte: *Reichtum; Fähigkeit zu geben; Öffnung der Beziehung nach außen; uneingeschränktes Teilen mit vielen Menschen.*

Laß dich einen Moment lang all die Schätze spüren, die du in dir trägst und von denen du umgeben bist! Du hast deinem Partner unendlich viel zu geben und du bekommst ebensoviel von ihm zurück.

Diese Karte erinnert dich daran, wie reich deine Beziehung ist, aber sie mahnt dich zugleich, nicht auf diesem Reichtum sitzen zu bleiben. So manches glücklich verliebte Paar zieht sich von seinen Freunden zurück, um nur noch füreinander da zu sein – und muß dann nach einiger Zeit feststellen, daß etwas fehlt, daß die Beziehung arm und ärmer wird. Wirklicher Reichtum muß weitergegeben werden, sonst wird er faul und wertlos.

Die Möglichkeiten des Teilens mit anderen Menschen sind unbegrenzt. Ihr könnt mit Freunden zusammen arbeiten oder in einer größeren Gemeinschaft leben, ihr könnt mit ihnen meditieren oder in Urlaub fahren. Gebt, was immer ihr zu geben habt, und gebt es ohne Einschränkungen – umso mehr wird zu euch zurückfließen.

Falls es nicht im vollen Umfang möglich ist, gemeinsam mit deinem Partner zu teilen, sagt diese Karte: »Erkenne deinen inneren Reichtum und genieße es, ihn mit *allen* Menschen um dich herum zu teilen. Du brauchst dich auf niemanden zu fixieren, sondern kannst dich an jedem freuen, der dir gefällt oder auf dich zukommt.«

Frage: *Prüfe, ob es Bereiche in deiner Beziehung gibt, in denen du deinen inneren und äußeren Reichtum zurückhältst?*

Anregung: *Ladet mehrere Freunde zu einem schönen, festlichen Abendessen bei euch ein.*

Affirmation: *Ich teile meinen inneren und äußeren Reichtum mit allen Menschen, die dafür offen sind.*

6. Legesysteme und Spiele

Legeweise Nr. 1: Innerer Mann – Innere Frau

Jeder Mensch trägt sowohl männliche als auch weibliche Energien in sich. Jeder Mann hat eine innere Frau (Anima), jede Frau hat einen inneren Mann (Animus). Durch Erziehung und gesellschaftliche Konditionierung haben Männer in der Regel gelernt, sich ausschließlich mit ihrer maskulinen Seite zu identifizieren. Sie haben traditionell die Aufgabe, sich in der Welt zu behaupten, wobei ihnen die Qualitäten von Stärke, Zielstrebigkeit, Aggressivität oder auch Intellektualität zugeschrieben werden. Ihre femininen Anteile – die Intuition, ihre Gefühlswelt, ihre Sensibilität und Empfänglichkeit – wird dadurch jedoch weitgehend in den Hintergrund gedrängt.

Umgekehrt wird von Frauen erwartet, daß sie überwiegend ihre weiblichen Anteile – Emotionalität, Intuition, Rezeptivität und Fürsorglichkeit – entwickeln und leben. Ihr Intellekt, ihre Selbstbehauptung und Handlungsfähigkeit wird dabei mehr oder weniger stark unterdrückt.

Sowohl Frauen als auch Männer erleben sich selbst unvollständig und suchen deshalb in Beziehungen den Ausgleich für das vorhandene innere Ungleichgewicht. Jeder Versuch, die eigenen unentwickelten männlichen bzw. weiblichen Energien nach außen auf einen Partner zu projizieren, endet jedoch früher oder später in einer Sackgasse von Enttäuschung und schmerzhafter Desillusionierung.

Beide Geschlechter müssen mehr und mehr lernen, die Eigenschaften, die sie beim jeweils andersgeschlechtlichen Partner suchen, in sich selbst zu finden und zu entwickeln. Als Frau solltest du damit anfangen, dir selbst genau das zu geben, bzw. dich selbst so zu behandeln, wie du es vom Mann deiner Träume ersehnst. Ebenso solltest du als Mann anfangen, dir selbst alles zu schenken, was du von der Frau deiner Träume erwartest. Nur durch die Integration der männlichen und weiblichen Energien kann ein Mensch zu seiner Ganzheit gelangen.

Das Legesystem:

- Setze dich in Meditationshaltung hin und schließe die Augen. Geh ganz in deine Mitte und beginne damit, vor deinem inneren Auge deinen inneren Mann / deine innere Frau zu visualisieren.
- Ziehe dann aus dem vorher ausgebreiteten Kartenfächer eine Karte, die dir noch mehr über die Eigenschaften und die momentane Befindlichkeit deines inneren Mannes / deiner inneren Frau zeigt.
- Nun ziehe auch eine Karte für deinen äußeren Mann – wenn du ein Mann bist –, oder für deine äußere Frau – wenn du eine Frau bist.
- Wenn du möchtest, fahre fort, Karten für weitere Fragen zu ziehen, z. B.:
  - Was braucht mein(e) innere(r) Mann/Frau gerade?
  - Wie bewertet mein Ego meine(n) innere(n) Mann/Frau?
  - Was kann mein äußerer Mann von meiner inneren Frau lernen; bzw. was kann meine äußere Frau von meinem inneren Mann lernen?
  - Wovon sollte sich mein(e) innere(r) Mann/Frau befreien?
  - Was bekommt mein(e) innere(r) Mann/Frau von meinem derzeitigen Partner?
  - Was wünscht er/sie sich von ihm?
  - Was befürchtet er/sie von ihm? etc.

Anmerkung: Es empfiehlt sich sehr, die jeweils gestellten Fragen **zuerst** intuitiv zu beantworten, und erst danach zur Vertiefung und Erweiterung des Verständnisses die Tarotkarten zu ziehen.

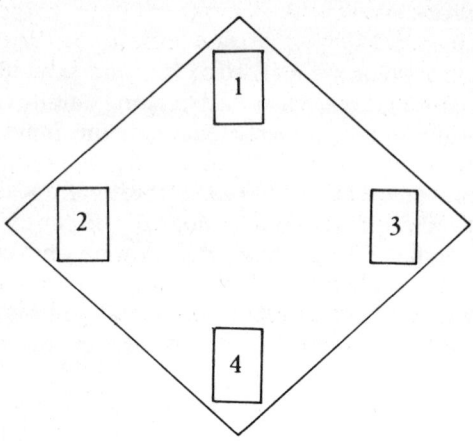

Legeweise Nr. 2:

Nähere Klärung einer Beziehungsfrage oder eines Konfliktes zwischen Partnern

Dieses Legesystem kann von dir alleine benützt werden, wenn es offene Fragen gibt, die dich beschäftigen – ihr könnt es aber auch gemeinsam spielen, indem zuerst der eine Partner seine Fragen stellt und Karten zieht, und dann der andere folgt.

– Mische die Karten und lege sie in zwei Stapeln vor dich hin. Der linke Stapel steht für die passive, empfängliche Seite, der rechte für die aktive, nach außen gerichtete Seite (so wie beim menschlichen Körper).
– Den linken Stapel nochmals mischen. Die oberste Karte in Position 2 (siehe Abb.), die unterste in Position 3 unaufgedeckt hinlegen.
– Den rechten Stapel nochmals mischen. Die oberste Karte in Position 1, die unterste in Position 4 legen.
– Beginne nun der Reihenfolge nach (von 1–4) mit dem Aufdecken.

Karte 1 zeigt das eigentliche Thema, mit dem du dich **tatsäch-lich** innerlich beschäftigst. Worum geht es in Wirklichkeit? Was ist die grundlegende Frage in bezug auf deinen Partner oder die Beziehung als Ganzes?

Karte 2 zeigt, wofür du im Zusammensein mit deinem Partner empfänglich und offen bist. Welche Energien und Ereignisse ziehst du an? Was läßt du an dich heran?

Karte 3 weist darauf hin, was du von dir zeigst und nach außen gibst. Wie wirkst du auf deinen Partner? Was bekommt er von dir? Wie beeinflußt du ihn?

Karte 4 zeigt die Antwort, den Schlüssel. Sie weist auf Wege hin, die offenen Fragen zu bewältigen, Konflikte zu bereinigen. Neues auszuprobieren. (Negativ-Karten in dieser Position zeigen die Möglichkeit der Beendigung eines negativen Zustandes/einer negativen Haltung).

Partner A

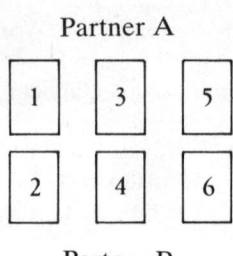

Legeweise Nr. 3:

Partner B

Beziehungstarot

Dies ist eine einfache Legemethode zur Klärung einer Beziehung zwischen zwei Menschen. Sie hilft, mehr über die unbewußten Ebenen bzw. die besonderen Qualitäten der Verbindung zu erfahren.

Das Spiel kann in unterschiedlichen Situationen benützt werden. Es eignet sich auch zum Austragen von Konflikten, vorausgesetzt, beide Partner sind bereit, die umstrittenen Punkte aus neuer Perspektive zu betrachten.

– Die Partner setzen sich gegenüber, mischen nacheinander die Karten und breiten diese im Fächer aus.
– Nun werden abwechselnd Karten gezogen und verdeckt in der vorgeschlagenen Anordnung hingelegt:

1: Partner A zieht eine Karte, die ihn selbst darstellt;
2: Partner B zieht eine Karte, die ihn selbst darstellt;
3: Partner A zieht eine Karte für Partner B;
4: Partner B zieht eine Karte für Partner A;
5: Partner A zieht eine Karte, die seine Beziehung zu Partner B zeigt;
6: Partner B zieht eine Karte, die seine Beziehung zu Partner A zeigt;

– Die Karten werden nacheinander aufgedeckt.
– Tauscht euch über die Karten aus!

158

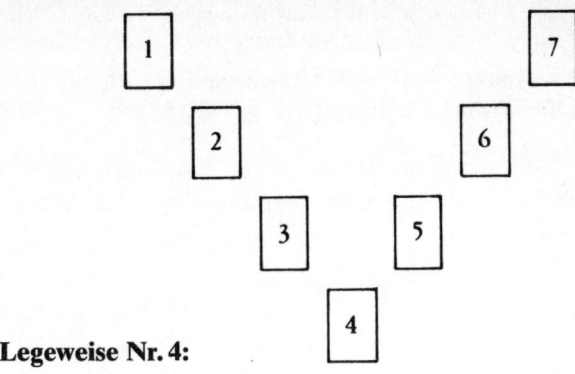

Legeweise Nr. 4:

Siebener Parabel

»Was ist zu tun?« ist die zentrale Frage dieses Legesystems. Stellt sich in dem Zusammensein mit deinem Partner diese Frage, so wähle diese Art, die Karten zu legen. Du kannst es wieder alleine für dich machen oder auch zusammen mit deinem Partner. Wenn ihr gemeinsam spielt, so tauscht euch nach dem Spiel aus!

- Mische die Karten, und lege sie verdeckt im Fächer aus.
- Du ziehst nun sieben Karten aus dem Fächer und läßt sie unaufgedeckt.
- Diese sieben Karten nochmals mischen und in der vorgeschlagenen Anordnung auflegen.
- Dann die Karten nacheinander aufdecken.

Die Karten auf den sieben Positionen zeigen:
1: Die Vergangenheit in deiner Beziehung, bzw. das, was im Begriff ist, zu Ende zu gehen;
2: Die Gegenwart in deiner Beziehung;
3: Die Zukunft der Beziehung, oder das, was gerade beginnt;
4: Was ist zu tun?
5: Hilfreiche oder störende Energien von außen;

6: Die größten Hoffnungen und Befürchtungen in bezug auf deinen Partner;

7: Ergebnis, Ausgang, Schlüssel; Hinweis auf ein Thema, das dich noch länger beschäftigen wird.

Anmerkung: Die Karten für die jeweiligen Positionen können selbstverständlich auch direkt aus dem ausgebreiteten Fächer gezogen werden.

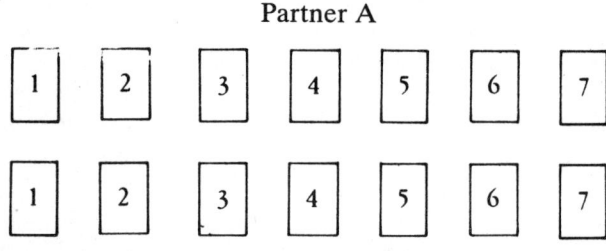

Partner A

Partner B

Legeweise Nr. 5:

Geben und Empfangen

Dieses Legesystem hilft bei Klärungen in bezug auf das Geben und Nehmen in einer Partnerschaft. Es macht deutlich, was jeder bereit ist, dem anderen zu geben, bzw. was dem anderen vorenthalten wird. Auch werden mögliche Unterschiede aufgezeigt zwischen dem, was ein Partner geben möchte und dem, was beim anderen davon ankommt oder dieser wirklich braucht.

160

- Partner A und B setzen sich gegenüber und stimmen sich aufeinander ein. Bevor die Karten gemischt werden, tauschen sich beide Partner darüber aus, was sie in der Beziehung dem anderen geben, was sie voneinander bekommen, und was jeder besonders vom anderen braucht. Während der eine spricht, hört der andere nur zu.
- Die Karten werden gemischt und im Fächer ausgebreitet.
- Nun ziehen beide Partner abwechselnd Karten; diese werden verdeckt in der vorgeschlagenen Anordnung hingelegt:

1: Eine Karte für sich selbst.
2: Eine Karte für den Partner.
3: Ich gebe dir...
4: Ich gebe dir nicht...
5: Ich bekomme von dir...
6: Ich bekomme von dir nicht...
7: Ich brauche von dir...

- Dann werden die Karten nacheinander aufgedeckt; die Partner tauschen sich darüber aus.

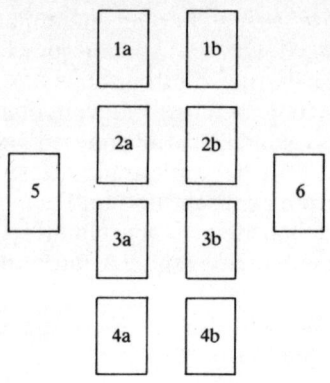

Legeweise Nr. 6:

Das kosmische Beziehungsspiel

Dieses Legesystem gibt die Möglichkeit, genauere Informationen zu bekommen über die Motive der Partnerwahl, über die Grundenergie der Beziehung, ihre Hauptthemen und über gemeinsame Aufgaben. Die hier dargestellte Legeweise kann in Krisensituationen hilfreich sein – ihr erkennt vielleicht wieder den »roten Faden« eurer Beziehung. Aber auch wenn keine Konflikte aktuell sind, könnt ihr dieses System dazu benützen, in eurer Beziehung tiefer zu gehen und den Zweck eures Beisammenseins zu ergründen.

Vorteilhaft ist die Anwesenheit einer dritten Person, die das Tarot kennt und eventuell Notizen machen kann.

– Partner A und B setzen sich gegenüber, halten für eine Weile Augenkontakt und stimmen sich aufeinander ein. Beide mischen die Karten und legen sie im Fächer zwischen sich auf.
– Bevor zu den untenstehenden Fragen 1–16 jeweils abwechselnd Karten gezogen werden, erzählen beide Partner in kurzen Sätzen oder Stichworten das Wichtigste zu den Fragen (das, was dir jetzt dazu einfällt). Es empfiehlt sich,

162

Stichworte davon aufzuschreiben, um es später mit den Inhalten der aufgedeckten Karten vergleichen zu können.

– (Partner A und B legen jeweils ein eigenes Kartensystem.)
– Nun beginnt Partner A über Frage 1a zu sprechen; dann zieht er/sie dazu eine Karte aus dem Fächer und legt sie unaufgedeckt hin.
– Partner B erzählt zu Frage 1a und zieht ebenfalls eine Karte.
– Dies wird in gleicher Weise fortgesetzt bis zu Frage 4b.
– Zuletzt ziehen beide noch abwechselnd Karten zu den Punkten 5 und 6.
– Dann deckt Partner A seine Karte zu 1a auf; diese wird mit der vorhin gemachten, persönlichen Aussage verglichen. Ergänzt die Karte das Gesagte oder gibt es Abweichungen? Sprecht darüber!
– Partner B deckt Karte 1a auf. Wie stehen die beiden Karten zueinander? Gibt es Unterschiede?
– Nach und nach werden alle Karten aufgedeckt und unter dem Gesichtspunkt nachstehender Fragen betrachtet.

Die Fragen:
1 . Die Motive der Beziehung:
1a: Was waren deine **bewußten Motive**, eine Beziehung mit diesem Partner **einzugehen?**
1b: Was sind jetzt deine bewußten Motive, die Beziehung zu deinem Partner **aufrechtzuerhalten**?

2 . Die Grundenergie der Beziehung:
2a: Was war die Grundenergie, die die Beziehung zusammengeführt hat? Was glaubst du, was der **unbewußte Magnetismus** war?
2b: Was ist jetzt die Grundenergie, die die Beziehung zusammenhält?

3 . Die Hauptthemen der Beziehung:
3a: Welches sind die wichtigsten **positiven und fördernden Ebenen**, die du mit deinem Partner teilst? In welchen Bereichen versteht ihr euch gut?

3b: Welches sind die **problematischen und schwierigen Ebenen** im Zusammensein mit deinem Partner?

4 . Das Potential der Beziehung:
4a: Welches sind eure gemeinsamen Aufgaben in bezug auf das **innere Wachstum** (Selbstentfaltung)?
4b: Welches sind eure gemeinsamen Aufgaben in bezug auf das **Wirken im Außen?**

5. Was ist zu tun?

6. Aussicht:
Was ist das **Thema**, das dich noch längere Zeit in dieser Beziehung beschäftigen wird?

Legeweise Nr. 7:

»Ich liebe dich, ich hasse dich«

»Ich liebe dich, ich hasse dich« ist ein wichtiges Thema jeder Beziehung. Das folgende Spiel kann euch dabei helfen, lebendig und unmittelbar damit umzugehen.

– Partner A und B setzen sich gegenüber und sehen sich in die Augen.
– Beide mischen die Karten und legen sie im Fächer aus.
– Partner A beginnt damit, seine Gefühle gegenüber Partner B auszusprechen.
  Beispiel A zu B:
  »Ich liebe dich.«
  »Ich möchte mit dir zusammenleben.«
  »Ich will, daß du ganz für mich da bist.« etc.
– Zu jeder persönlichen Aussage zieht Partner A eine Tarotkarte und legt sie der Reihenfolge nach unaufgedeckt vor sich hin.
– Dann Wechsel zu Partner B.
  Beispiel B zu A:
  »Ich hasse dich.«
  »Du nimmst mir meine Freiheit.«
  »Ich habe Angst, dich zu verletzen.« etc.
– Auch Partner B zieht für jede Aussage eine Tarotkarte.

Nachdem beide Partner sich alles Wesentliche gesagt haben, können die gezogenen Karten aufgedeckt werden.

Bestätigen die Karten die gemachten Aussagen oder weisen sie auf etwas ganz anderes hin? Sieht z. B. die Karte für »Ich liebe dich« wirklich nach Liebe aus, oder die Karte für »Ich hasse dich« nach Haß? Welche Aussagen hatten starke, welche schwache Karten?

Je konkreter und ehrlicher die Gefühle formuliert sind, umso leichter wird die Umsetzung und die Annäherung an die tiefere Wahrheit hinter diesen ausgesprochenen Gefühlen sein.

Legeweise Nr. 8:

Beziehungsencounter in Kleingruppen

Gerade in kleinen Gruppen kann es sehr aufregend sein, mit Hilfe der Tarotkarten die Beziehungen der Gruppenteilnehmer zu klären, zu durchleuchten, Unausgesprochenes hervorzubringen – oder einfach sich näherzukommen, sich kennenzulernen, Spaß miteinander zu haben.

Beispiel 1: Die Gruppe sitzt im Kreis um einen Tisch oder am Boden. Die Karten liegen ausgebreitet in der Mitte. Nacheinander zieht jeder für jeden (wenn die Gruppe nicht zu groß ist) eine Karte; auch eine für sich selbst. Wenn alle gezogen haben, werden die Karten aufgedeckt und die Einzelnen teilen dem betreffenden Gegenüber spontan mit, was die Karte über die Beziehung aussagt.
Z. B. »Ich sage dir mit dieser Karte...«
»Ich bekomme von dir...«
»Ich gebe dir in diesem Augenblick...«

Beispiel 2: Die Gruppenmitglieder, die ihre Beziehung klären wollen, setzen sich gegenüber; die Tarotkarten sind im Fächer zwischen ihnen ausgebreitet. Die zwei Personen drücken ihre Gefühle füreinander aus und benützen die unter Legeweise 7 (»Ich liebe dich, ich hasse dich«) beschriebene Art, die Karten zu ziehen. Der Rest der Gruppe gibt den beiden Aufmerksamkeit und unterstützt sie bei der Klärung ihrer Beziehung. Dies kann beliebig lange fortgesetzt werden, bis jeder jedem etwas von sich mitgeteilt hat. Nach jedem Durchgang sollten die gezogenen Karten wieder in den Fächer eingemischt werden.

Legeweise Nr. 9:

Die Sieben Beziehungsebenen

Analog zu den sieben Chakren, den Haupt-Energiezentren des Menschen, ist es möglich, sieben Beziehungsebenen zu untersuchen (Vgl. Legeweise Nr. 4 »Chakren lesen« in »Tarot – Spiegel der Seele«, S. 133).

Ziehe – wenn möglich gemeinsam mit deinem Partner – jeweils eine Karte für die sieben Ebenen deiner aktuellen Beziehung. Du beginnst mit der untersten Chakren-Ebene (Wurzelchakra) und gehst bis zur Ebene des Kronenchakras. Lies zunächst aber die unten beschriebenen Möglichkeiten über Harmonie oder Störung im betreffenden Bereich. Sie mögen dir dabei helfen, die Situation in deiner Beziehung zu beurteilen. Teile deine Einschätzung deinem Partner mit (oder schreibe es in Stichworten auf, falls er nicht anwesend ist), bevor du die für jeden Bereich gezogene Karte ansiehst. Vergleiche dann die Aussage der Tarotkarte mit deiner ersten Einschätzung. Bestätigen die Bilder der Karten deine Aussagen oder weisen sie dich auf mögliche blinde Flecken in deiner bewußten Wahrnehmung hin?

Benutze Tarot stets mit der Absicht, dein Verständnis für die Wirklichkeit deiner Beziehung zu vertiefen. »Negative« Karten weisen dich auf Bereiche hin, in denen du mit deinem Partner etwas bearbeiten solltest; starke, positive Karten zeigen die Bereiche eurer besonderen Stärken.

Wenn du diese Untersuchung gemeinsam mit deinem Partner machst, wird es manchmal vorkommen, daß auf einer bestimmten Ebene die besondere Stärke des einen Partners mit einer Schwäche oder einem wunden Punkt des anderen zusammenfällt. Ihr solltet dann näher untersuchen, inwieweit der eine energetisch »auf Kosten« des anderen lebt, oder ob dies einen Bereich zeigt, wo ihr in besonderer Weise voneinander lernen könnt.

Insgesamt kann durch den Vergleich der sieben Karten beider Partner sehr deutlich erkannt werden, welche Ebenen des

Miteinanders unproblematisch sind und in welchen Bereichen gearbeitet werden muß; wo ihr euch gut ergänzt und nahesteht, oder wo es tiefgreifende Unterschiede und Reibungspunkte gibt.

Ebene 1 (Wurzelchakra): Das materielle Miteinander

In Harmonie: Gegenseitige berufliche und/oder finanzielle Unterstützung; klare und befriedigende Regelung der gemeinsamen Finanzen; Hilfe in materiellen Angelegenheiten; Freiheit und Unabhängigkeit durch ausgewogenen Austausch; Großzügigkeit im Geben und Empfangen; gemeinsames Genießen des materiellen Wohlstandes, etc.

Gestört: Finanzielle und materielle Abhängigkeit; Druck durch Schulden oder finanzielle Unsicherheiten; gegenseitige Manipulation über finanzielle Zuwendungen; unausgewogener Austausch von Geben und Nehmen; Gefahr der Reduzierung der Beziehung auf materielle Sicherheiten; Geiz und Kleinlichkeit; etc.

Ebene 2 (Sexchakra): Die emotional – sexuelle Verbindung

In Harmonie: Sexuelle Anziehung und Erfüllung; Erotik; Emotionalität und Begehren; körperliche Unbefangenheit; Erfahrung der Urtiefen sexueller Leidenschaftlichkeit; Sexualität als Meditation und Energietransformation; etc.

Gestört: Sexuelles Desinteresse bzw. Aversion; Gefühlskälte; anhaltende körperliche Disharmonie und Frustration; Eifersucht und sexuelle Besitzansprüche; Schuldgefühle, Ekel und Selbstbestrafung; Sex als Machtmittel; Fixierung der Beziehung auf die sexuelle Ebene als Kompensation für mangelnde Liebe und echte tiefe Verbindung; sexuelle Hörigkeit; etc.

Ebene 3 (Solarplexus): Streben nach Selbstbehauptung; Durchsetzungsfähigkeit und Macht

In Harmonie: Gegenseitige Unterstützung bei der beruflichen Erweiterung und Erfüllung jedes Partners; Förderung des individuellen Selbstausdrucks; Entfaltung der persönlichen Kraft und Einzigartigkeit; gegenseitige Hilfe zur Selbstverwirklichung und Eigenständigkeit; etc.

Gestört: Gegenseitige Behinderung des Selbstausdrucks, der Selbstverwirklichung und Eigenständigkeit; den anderen dominieren oder vom anderen dominiert werden; Druck durch übertriebenen Ehrgeiz und Ansprüche; Selbstbehauptung auf Kosten des Partners; übersteigertes Machtstreben; Egozentrik, Selbstbezogenheit, Rücksichtslosigkeit; extremes Konkurrenzverhalten; etc.

Ebene 4 (Herzchakra): Die liebevolle Verbundenheit

In Harmonie: Herzliche Zuneigung; Herzenswärme, Offenheit, Vertrauen und Hingabe; Liebe, die die Freiheit des anderen achtet; tiefe Verbundenheit ohne Besitzansprüche; Geborgenheit und innerer Friede; Selbstliebe; Einklang mit allem durch allumfassende Liebe; Stille, Glück und innere Harmonie; Rezeptivität und Verletzlichkeit; etc.

Gestört: Verschlossenes oder gebrochenes Herz; zurückgewiesene Liebe; Angst und Mißtrauen; Isolation; mangelnde Selbstliebe; Ruhelosigkeit; etc.

Ebene 5 (Kehlchakra): Gemeinsame Kreativität und Kommunikation

In Harmonie: Unterstützung des individuellen oder gemeinsamen kreativen Ausdrucks; gegenseitige Inspiration; gegenseitige Hilfe durch Ansporn und Ermutigung; offene Kommunikation sowohl innerhalb der Beziehung als auch im Kontakt mit anderen Menschen; Teilen des inneren Reichtums; etc.

Gestört: Behinderung des kreativen Ausdrucks; Blockaden in der Kommunikation sowohl mit dem Partner als auch mit anderen Menschen; mangelndes Selbstvertrauen; Entmutigung durch Negativität; Geringschätzung und Mißachtung des kreativen Potentials; etc.

Ebene 6 (Drittes Auge): Spirituelles Wachstum

In Harmonie: Spirituelle Verbundenheit; intuitives Wissen; Bewußtheit; erweiterte Wahrnehmung; großes Einfühlungsvermögen; erkennende Klarheit; Wissen jenseits von Worten; Verständnis für den Sinn kosmischer Fügungen; etc.

Gestört: Mangelndes Vertrauen in die eigene Wahrnehmung; tiefes, dumpfes Empfinden von Sinnlosigkeit; mangelnder Sinn für die »Welt hinter den Dingen«; Beschränkung und Mißachtung der eigenen Spiritualität; Unfähigkeit, sein Leben aus höherer Warte zu betrachten; Befangenheit in egozentrierten Bestrebungen; etc.

Ebene 7 (Kronenchakra): Die Beziehung zum Ganzen

In Harmonie: Gewißheit von kosmischer Verbundenheit; Durchlässigkeit; Offenheit für die universelle Liebe und Intelligenz; Erfahrung von All-Eins-Sein; Einklang mit den kosmischen Energien und Kräften; etc.

Gestört: Mangelnde Durchlässigkeit und Empfänglichkeit; Erfahrung innerer Dunkelheit und Hoffnungslosigkeit; Getrenntheit von den Segnungen kosmischer Liebe; bewußte oder unbewußte Verschlossenheit gegenüber kosmischen Energien und Kräften; etc.

Kurzvariante: Kopf – Herz – Sex

Für diese Kurzvariante des Legesystems Nr. 9 ziehst du jeweils eine Karte für die Kopf-, die Herz- und die Sexverbindung zu deinem Partner. Ihr könnt es auch wieder gemeinsam untersuchen. Beginnt mit einer Karte für den Kopf, dann das Herz, zuletzt für den Sex. Ihr solltet folgende Fragen dem Kartenziehen zugrunde legen:

Kopf: Wie harmoniere ich mit meinem Partner auf der Ebene des Verstandes und des gedanklichen Austausches?

Herz: Wie harmoniere ich mit meinem Partner auf der Ebene der Herzensliebe, der Hingabe, des Vertrauens, der herzlichen Verbundenheit?

Sex: Wie harmoniere ich mit meinem Partner auf der Ebene der sexuellen und emotionalen Bedürfnisbefriedigung?

Beantwortet wieder zuerst für euch selbst die obigen Fragen, dann zieht die Karten aus dem Fächer. Laßt sie vorerst unaufgedeckt, und deckt sie danach gemeinsam auf. Schaut, welche Differenzen zwischen euren mündlichen Aussagen und den Aussagen der Karten bestehen.

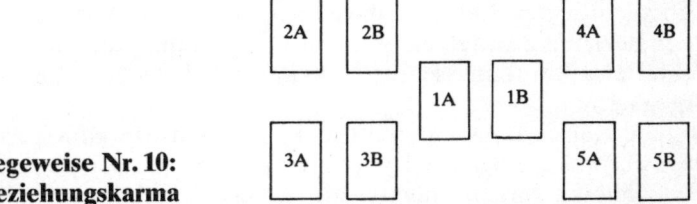

Legeweise Nr. 10:
Beziehungskarma

Eine Begegnung zweier Menschen, die zu einer Liebesbeziehung führt, ist niemals zufällig. Ihrer Verbindung liegen in der Regel frühere Begegnungen in vergangenen Leben zugrunde. Aktuelle Beziehungssituationen sind oftmals Wiederholungen oder Umkehrungen vergangener Ereignisse.

Ob wir die daraus resultierende Lernaufgabe für die Gegenwart in angemessener Weise erkennen und einlösen, beeinflußt zukünftiges Glück oder Leid, Erfüllung oder Frustration.

Dieses Legesystem mit zehn Karten soll helfen, die gegenwärtige Situation im Zusammenhang mit vergangenem und potentiell zukünftigem Karma zu verstehen.

Du kannst dieses Legesystem allein oder gemeinsam mit deinem Partner durchführen. Die folgende Beschreibung geht davon aus, daß ihr die Karten gemeinsam legt. Dazu werden insgesamt zehn Tarotkarten abwechselnd von dir und deinem Partner gezogen und ausgelegt. (Bist du allein, oder ist dein Partner nicht anwesend, gebrauche nur die fünf Karten für dich selber.)

Setze dich mit deinem Partner nebeneinander, stimmt euch auf die Situation ein, mischt die Karten und breitet sie im Fächer vor euch aus. Zieht die Karten jeweils abwechselnd und legt sie – vorläufig unaufgedeckt – in die vorgeschriebenen Positionen.

Die Karten 1a und 1b zeigen die tiefere persönliche Realität in der gegenwärtigen Beziehungssituation. Wie geht es dir wirklich mit deinem Partner? Welche Ebenen deines Inneren werden in eurem Zusammensein berührt?

Die Karten links oben 2a und 2b zeigen die Beziehung aus kosmischer Sicht. Durch diese Karten könnt ihr sehen, welche übergeordneten Lernaufgaben für den jeweiligen Partner in der Beziehung anstehen. Was sollst du vorrangig lernen? Welche Bewußtwerdungsschritte sind in dieser Beziehung für dich möglich?

Die Karten links unten 3a und 3b zeigen den karmischen Schwerpunkt, oder die Hauptenergien, die aus der jüngeren oder älteren Vergangenheit in die aktuelle Beziehungssituation reicht und diese derzeit maßgeblich beeinflußt.

Diese Karten zeigen, welche karmischen Belastungen oder Potentiale in der aktuellen Beziehungssituation wirksam sind.

Die beiden Karten rechts oben 4a und 4b zeigen, wie jeder einzelne die Herausforderung eurer Beziehung annimmt und lebt. Was ist dein tatsächliches Verhalten angesichts der bestehenden Möglichkeiten oder Probleme? Bringst du in deine Beziehung vorrangig Offenheit und Bewußtheit ein oder aber Ängste und zurückgehaltene Energie?

Die beiden Karten rechts unten 5a und 5b zeigen die Tendenz, wie der betreffende Partner sein zukünftiges Karma in der Beziehung gestaltet. Das, was die Karten für die Zukunft aufzeigen, ist niemals bindend oder garantiert, sondern weist auf eine Grunderwartung hin, die eine gewisse Kraft zu ihrer Verwirklichung in sich trägt. Jeder Mensch hat die Möglichkeit und Freiheit, solche Zukunftsperspektiven zu verändern, sowohl zum Besseren durch Bewußtheit und Liebe, als auch zum Schlechteren durch Unachtsamkeit und Verweigerung.

Die Beziehungskarte

Das Errechnen der Beziehungskarte ergibt sich aus einem Zusammenspiel von Horoskopie und Numerologie. Zahlen sind Träger bestimmter Schwingungen und Symbole. So ist es möglich, aus den Geburtsdaten zweier Menschen jene Karte aus den Großen Arkanen zu errechnen, die deren gemeinsame Aufgabe repräsentiert, bzw. die das übergeordnete Thema der Beziehung zeigt, die Herausforderungen, Tendenzen, das Zusammenspiel...

Die Beziehungskarte wird wie folgt errechnet:

- Addiert beide Geburtsdaten (Tag, Monat und Jahr):
- Aus dieser Summenzahl bildet nun die Quersumme: z. B. 3 + 9 + 5 + 3 = 20 (Beziehungskarte)
- Vergleicht diese Zahl mit den Großen Arkanen. Nr. 20 in obigem Beispiel ist »Das Aeon«.
- Liegt die Zahl höher als 22, so bilde wieder die Quersumme dieser Zahl. Z. B. 3 + 9 + 7 + 4 = 23; davon die Quersumme 2 + 3 = 5. Die Nr. 5 bei den Großen Arkanen ist »Der Hohepriester«
- Wenn die Zahl genau 22 ist, so ist eure Beziehungskarte »Der Narr«, denn im Ägyptischen Tarot ist 22 gleich Null (0. Der Narr).

Der Autor

Gerd Ziegler (geb. am 8.2.1951) arbeitet seit vielen Jahren als Therapeut und Trainer im Bereich der Humanistischen und Spirituellen Therapie. Schon während seines Studiums der Psychologie, Politologie, Theaterpädagogik und Religionswissenschaften in Berlin, beschäftigte er sich intensiv mit den damals noch wenig verbreiteten Bereichen der Selbsterfahrung und therapeutischen Arbeit. Sehr bald fühlte er sich zu jenen Schulen hingezogen, die den transpersonalen Bereich und das ganzheitliche, sprituelle Wachstum in den Mittelpunkt ihrer geistigen Ausrichtung stellten.

Für das Erkennen seines Weges, sowie für die Inspiration seiner Arbeit waren vor allem drei Richtungen prägend: Die Initiatische Therapie von Graf Dürckheim, die neoreichianische Körperarbeit von Gerda Boyeson und in zunehmendem Maße, Bhagwan Shree Rajneesh, von dem er 1979 initiiert wurde und den Namen Swami Bodhigyan erhielt.

1982 gründete er das Selbsterfahrungs- und Trainingsprojekt **»Innerlich und äußerlich«** reich, das schon bald nach seiner Gründung von zahlreichen Teilnehmern aus dem gesamten deutschsprachigen Raum aufgesucht wurde. Der Schwerpunkt seiner Arbeit in diesem Projekt besteht darin, den Zugang zu dem unbegrenzten Potential, das jeder Mensch in sich trägt, zu öffnen. Diesen inneren Reichtum gilt es wiederzuentdecken und im eigenen Leben auszudrücken und weiterzugeben.

Tarot gebraucht Gerd Ziegler als ein Medium, um Zugang zu den eigenen inneren Tiefen zu finden. Seine Tarotkurse sind ein intensiver und lebendiger Einstieg in die Welt des Tarot, sowie eine Einführung in die unterschiedlichen Möglichkeiten, dieses Medium der Selbstfindung für sich und andere zu benützen.

Gerd Ziegler
ist Initiator des Selbsterfahrungs-
und Trainingsprojektes

Innerlich und äußerlich reich

»Innerer und äußerer Reichtum« beschreibt einen Zustand der Natürlichkeit, des unbegrenzten Seins, der uneingeschränkten Hingabe an sich selbst und das Leben. Das Verlieren, Suchen und Wiederfinden dieses Seinszustandes ist der Prozeß unserer Bewußt- und Vollständigwerdung.

Wir arbeiten in unserem Trainingsprojekt nicht problem- sondern potentialorientiert. Unser Umgang mit problemati- schen, schmerzhaften und angstbesetzten Bereichen betrachtet diese nicht nur als Hindernisse, die es schnell zu beseitigen gilt, sondern vielmehr als Herausforderungen und Möglichkeiten zur Transformation. In unseren Ängsten, Sehnsüchten und Leidenschaften schlummert unser größtes Potential. So wer- den selbst »Probleme« wertvoll und wichtig, indem wir sie als Hürde betrachten, die den Weg unserer Befreiung markieren. Sie sind wie Stürme oder Prüfungen, die unserem Sein Wurzeln verleihen.

Ein wichtiger Schwerpunkt bei der Entdeckung und Entfal- tung von innerem und äußerem Reichtum besteht im **Über- schreiten der persönlichen Grenzen**. In unseren Gruppen wer- den immer wieder Situationen geschaffen, in denen die Mög- lichkeit zur grenzüberschreitenden Erfahrung gegeben ist. Ein solcher Durchbruch zu erweiterter Wahrnehmung eröffnet neue innere Räume, die den Prozeß der eigenen Suche nachhaltig prägen.

Unsere Erfahrung zeigt immer wieder, daß jeder Mensch, der entschlossen ist, sich zu verwirklichen, alle Voraussetzungen zu seinem körperlichen, emotionalen, geistigen und spirituellen Erblühen bereits in sich trägt. Dies bezeichnen wir als das ihm innewohnende Potential, seinen inneren Reichtum.

Das Jahrestraining **Innerlich und äußerlich reich** verbindet gezielte Ausbildung mit der Arbeit am individuellen Wachstumsprozeß jedes einzelnen Teilnehmers. Die erworbenen fundamentalen Arbeitsweisen und Kenntnisse dienen als Grundlage für jede Arbeit mit Menschen. (Informationsmaterial über Tarot-Kurse und das Trainingsprojekt »Innerlich und äußerlich reich«:

Gerd Ziegler, Regina König
Pfarrweg 6a
D – 8050 Sünzhausen
Dies ist auch die Kontaktadresse für persönliche Briefe an Gerd Ziegler.)

Literaturempfehlungen zum Thema Beziehung

Marcus Allen, Tantra im Westen, Werkstatt-Edition, Dachsberg, 1982.
Richard Bach, Brücke über die Zeit, Ullstein, Berlin.
Shakti Gewain, Leben im Licht, Peter Erd Verlag, München.
Chris Griscom, Zeit ist eine Illusion, Goldmann, 1986.
Margo Naslednikov, Tantra – Weg der Ekstase, Herzschlag, Berlin.
Sondra Ray, Ja zur Liebe, Peter Erd Verlag, 1987.
Bhagwan Shree Rajneesh, Liebe beginnt nach den Flitterwochen, Rajneesh-Services.
ders., Beziehungsdrama und Liebesabenteuer, Rajneesh-Services.
Cecile Sagne, Geheiligter Eros, Heyne, München, 1987.
Barry & Joyce Vissell, Der gemeinsame Weg, Bruno Martin Verlag, Südergellersen.
Griscom Chris, Heilung der Gefühle, Goldmann, München 1988.
Bhagwan, Die tantrische Vision, Heyne, München 1985.
MacLaine Shirley, Tamz im Licht, Goldmann, München 1088.